Marina Zwetajewa
Mit diesem Unmaß im Maß der Welt

neue lyrik
band 50
bibliothek OSTEUROPA

Bibliographische Information: Die Deutsche Bibliothek
Die Deutsche Bibliothek verzeichnet dieses Buch in der deutschen Nationalbibliographie, detaillierte Angaben sind erhältlich über http://dnb.ddb.de

ISBN 978-3-86660-132-1

Zur Förderung einer vielfältigen Literaturszene unterstützen wir:

1. Auflage, printed in the European Union
Reihengestaltung: Viktor Kalinke
Lektorat: Kerstin Schmidt
Gesetzt aus der Gentium.
Umschlagfoto: Paris 1925 (Marina-Zwetajewa-Museum, Moskau)

Unser gesamtes lieferbares Programm und viele Informationen finden Sie unter **http://www.leipzigerliteraturverlag.de**

Marina Zwetajewa

Mit diesem Unmaß im Maß der Welt

Gedichte aus den Jahren 1913 bis 1939

Ausgewählt und aus dem Russischen übertragen von Erich Ahrndt

Leipziger Literaturverlag

Идешь, на меня похожий,
Глаза устремляя вниз.
Я их опускала – тоже!
Прохожий, остановись!

Прочти – слепоты куриной
И маков набрав букет,
Что звали меня Мариной
И сколько мне было лет.

Не думай, что здесь – могила,
Что я появлюсь, грозя ...
Я слишком сама любила
Смеяться, когда нельзя!

И кровь приливала к коже,
И кудри мои вились ...
Я тоже *была*, прохожий!
Прохожий, остановись!

Сорви себя стебель дикий
И ягоду ему вслед, –
Кладбищенской земляники
Крупнее и слаще нет.

Но только не стой угрюмо,
Главу опустив на грудь,
Легко обо мне подумай,
Легко обо мне забудь.

Как луч тебя освящает!
Ты весь в золотой пыли ...

Du gehst so wie ich einmal, Fremder,
Zu Boden gerichtet den Blick.
Auch ich sah wie du – zur Erde!
Verweile! Nimm Zeit dir und pflück!

Pflück Hahnenfuß, Klatschmohn auch, Lieber,
Und lies, deinen Strauß in der Hand:
Im Leben da hieß ich Marina.
Wie alt ich geworden, lies dann.

Und denk nicht, ich würd wie ein Nachtmahr
Erschrecken dich, aufstehn vom Grab ...
Dafür hab zu gern ich gelacht mal,
Auch wenn es zu lachen nichts gab!

Auch mir sprang das Blut in die Wangen
So rot – und gelockt war mein Haar ...
Auch ich bin *gewesen* einst, Wandrer!
Verweil! Wie lebendig ich war!

Geh, raffe vom wuchernden Grün dir,
Und Beeren dazu pflück geschwind –
Die Erdbeern sind nirgendwo süßer
Als Beeren auf Friedhöfen sind.

Nur steh mir nicht trübsinnig, Lieber,
Kopf hoch! Nicht das Kinn auf die Brust.
Denk heiteren Sinns an Marina
Und heiter vergiß sie, mit Lust.

Wie strahlt dir die Sonne und schimmert!
Du stehst wie in Goldstaub aus Licht ...

– И пусть тебя не смушает
Мой голос из-под земли.

3 мая 1913
Коктебель

Ich hoff, meine erdschwere Stimme
Verwirrte, verstörte dich nicht.

3. Mai 1913
Koktebel

С. Э.

Я с вызовом ношу его кольцо!
– Да, в Вечности – жена, не на бумаге! –
Чрезмерно узкое его лицо
Подобно шпаге,

Безмолвен рот его, углами вниз,
Мучительно-великолепны брови.
В его лице трагически слились
Две древних крови.

Он тонок первой тонкостью ветвей.
Его глаза – прекрасно-бесполезны! –
Под крыльями раскинутых бровей –
Две бездны.

В его лице я рыцарству верна,
– Всем вам, кто жил и умирал без страху! –
Такие – в роковые времена –
Слагают станцы – и идут на плаху.

3 июня 1914
Коктебель

Für S. E.

Ich trage seinen Ring – schaut alle her!
Ja – ewig seine Frau, auf allen Wegen!
Sein schmales, kantiges Gesicht scheint sehr
Mir wie ein Degen,

Sein Mund, von Falten eingerahmt, kann schweigen,
Gequält-erhabne Brauen stehn gelassen.
Die Züge tragische Verschmelzung zeigen
Zwei alter Rassen.

Er ist so fein wie junge Triebe sind.
Die Augen – schön; ihr Ausdruck: unverbindlich. –
Der Blick, der in der Brauen Wölbung sinnt,
Ist unergründlich.

In ihm bin ich den edlen Rittern hold
– Die furchtlos starben alle, wie sie lebten! –,
Ein Mann wie er – wenn's rauhe Zeiten wolln –
Schreibt Stanzen – und wird vor den Richtblock treten.

3. Juni 1914
Koktebel

Из цикла „Подруга“

9

Ты проходишь своей дорогою,
И руки твоей я не трогаю.
Но тоска во мне – слишком вечная,
Чтоб была ты мне – первой встречною.

Сердце сразу сказала: „Милая!“
Всё тебе – наугад – простила я,
Ничего не знав, даже имени! –
О. люби меня, о, люби меня!

Вижу я по губам – извилиной,
По надменности их усиленной,
По тяжёлым надбровным выступам:
Это сердце берется – приступом!

Платье – шелковым черным панцирем,
Голос с чуть хрипотцой цыганскою,
Всё в тебе мне до боли нравится,
Даже то, что ты не красавица!

Красота, не увянешь за лето!
Не цветок, стебелек из стали ты,
Злее злого, острее острого
Увезенный – с какого острова?

Опахалом чудишь, иль тросточкой,
В каждой жилке и каждой косточке,
В форме каждого злого пальчика,
Нежность женщины, дерзость мальчика.

Aus dem Zyklus „Die Freundin“

9

Gehst vorbei an mir, wie dein Weg dich führt,
Deine Hand so nah – hab sie nicht berührt.
Doch die Sehnsucht in mir ist so riesengroß,
Nein, du bist mir nicht erste beste bloß.

Und mein Herz, das sprach gleich: „Du gehörst zu mir!“
Alles – unbesehn –, ich verzieh es dir,
Wußte nichts von dir – selbst den Namen nicht! –
Aber liebe mich, aber liebe mich!

Doch da sah ich am stolzen Lippenpaar,
Sah am Hochmut, der kaum zu kippen war,
An den wulstigen, schweren Augenbrau’n:
Hier zu siegen, kannst nur auf Sturm du baun!

Deine Panz’rung – ein schwarzes Seidenkleid,
Heiser sprichst du wie ein Zigeunerweib,
Mir gefällt an dir, was nur möglich ist,
Auch sogar, daß du keine Schönheit bist!

Schönheit, die im Herbst nicht zu Tale geht!
Blüte, Stiel scheinst du, die aus Stahl besteht,
Bosheit bösester, schärfster Schärfe Stich,
Welche Insel, sag mir, entsandte dich?

Ob mit Fächer du oder Stock posierst,
Wenn durch Mark und Bein du den Körper spürst,
Giert in jedem Zeh deine Sinnlichkeit:
Weibes Zärtlichkeit, kühne Männlichkeit.

Все усмешки стихом парируя,
Открываю тебе и миру я
Всё, что нам в тебе уготовано,
Незнакомка с челом Бетховена!

14 января 1915

Spott der Welt ich gern mit 'nem Reim parier,
Auch mit diesem Vers offenbar ich dir,
Was uns zwei'n du verheißt, im Vertrauen,
Fremde Frau mit den Beethovenbrauen!

14. Januar 1915

С большою нежностью – потому,
Что скоро уйду от всех, –
Я все раздумываю, кому
Достанется волчий мех,

Кому – разнеживающий плед
И тонкая трость с борзой,
Кому – серебряный мой браслет,
Осыпанный бирюзой ...

И все́ записки, и все́ цветы,
Которых хранить невмочь ...
Последняя рифма моя – и ты,
Последняя моя ночь!

22 сентября 1915

Von Zärtlichkeit erfüllt, weil, ach,
Die Welt ich nun bald verlaß,
Bedenk ich, wem ich zuvor vermach
Den Wolfspelz, und wem ich laß

Die Decke – mollig war sie und warm –,
Den Stock mit dem Windhundsknauf,
Und wem den silbernen Reif am Arm
Mit Steinen, Türkisen, darauf ...

Die Blumen all – verloren, verdorrt,
Notizen – wozu gemacht? –,
Den letzten Reim auch, mein letztes Wort –
Und dich, meine letzte Nacht!

22. September 1915

Цыганская страсть разлуки!
Чуть встретишь – уж рвешься прочь.
Я лоб уронила в руки
И думаю, глядя в ночь:

Никто, в наших письмах роясь,
Не понял до глубины,
Как мы вероломны, то есть –
Как сами себе верны.

Октябрь 1915

Zigeunerdrang: Fort, sich trennen!
Begegnung – und Schluß gemacht.
Die Stirne in beiden Händen,
Denk nach ich und starr in die Nacht:

Begreifen wird niemals einer,
Der unsere Briefe findt,
Wie treulos wir warn, will meinen:
Wie treu wir uns selber sind.

Oktober 1915

Никто ничего не отнял –
Мне сладостно, что мы врозь!
Целую вас через сотни
Разъединяющих верст.

Я знаю: наш дар – неравен.
Мой голос впервые – тих.
Что ва́м, молодой Державин,
Мой невоспитанный стих!

На страшный полет крещу вас:
– Лети, молодой орел!
Ты солнце стерпел, не щурясь, –
Юный ли взгляд мой тяжел?

Нежней и бесповоротней
Никто не глядел вам вслед ...
Целую вас – через сотни
Разъединяющих лет.

12 февраля 1916

Jeder hat seins bewahrt –
Wie schön, wir sind nicht verbunden!
Ich küsse Sie über hundert
Uns trennende Werste zart.

Ja, ungleich sind unsre Gaben.
Zum ersten Mal bin ich – still.
Was gilt dem jungen Dershawin
Mein Vers, der noch wachsen will!

Ich weih Sie gefährlichen Höhen:
Mein junger Adler, nun flieg!
Hast stolz in die Sonne gesehen –
Zu schwer nun mein frischer Blick?

So zärtlich und unumwunden
Sah keine noch Ihnen nach.
Ich küsse Sie über hundert
Uns trennende Jahre sacht.

12. Februar 1916

Настанет день, – печальный, говорят! –
Отцарствуют, отплачут, отгорят, –
Остужены чужими пятаками, –
Мои глаза, подвижные, как пламя.
И – двойника нащупавший двойник –
Сквозь легкое лицо проступит – лик.

О, наконец тебя я удостоюсь,
Благообразия прекрасный пояс!

А издали – завижу ли и вас? –
Потянется, растерянно крестясь,
Паломничество по дорожке черной
К моей руке, которой не отдерну,
К моей руке, с которой снят запрет,
К моей руке, которой больше нет.

На ваши поцелуи, о живые,
Я ничего не возражу – впервые.
Меня окутал с головы до пят
Благообразия прекрасный плат.
Ничто меня уже не вгонит в краску.
Святая у меня сегодня Пасха.

По улицам оставленной Москвы
Поеду – я, и побредете – вы.
И не один дорогою отстанет,
И первый ком о крышку гроба грянет, –
И наконец-то будет разрешен
Себялюбивый, одинокий сон.

И ничего не надобно отныне
Новопреставленной боярине Марине.

11 апреля 1916

Es kommt der Tag – ein Trauertag, man meint! –,
Da sie mir ausgebrannt und ausgeweint,
Gekühlt von fremden Fünfkopekenstücken,
Die Augen – ausgelöscht die glüh'nden Blicke.
Den Doppelgänger tastend, tritt ans Licht
Mein Antlitz, schimmernd durchs Gesicht.

Oh, endlich wird mit schönem Gürtel
Verliehen mir nun hehre Würde!

Von fernher zieht heran auf staub'gen Wegen
Der Pilger Schar, bekreuzigt sich verlegen
Und drängt – ob euch mein Auge noch erblickt? –
Zu meiner Hand, ich zieh sie nicht zurück,
Zu meiner Hand, die euch nicht mehr verwehrt,
Zu meiner Hand, an der das Nicht-Sein zehrt.

Gen eure Küsse, die ihr seid am Leben,
Hab ich nichts einzuwenden, bin doch eben
Zum ersten Mal von Kopf bis Fuß gehüllt
In heil'ges Tuch – bin schöner Würde Bild.
Nichts treibt fortan das Blut mir in die Wangen,
Für mich hat heute Ostern angefangen.

Durch Moskaus Straßen, kalt und menschenleer,
Fahr ich – ihr trottet mählich hinterher.
So mancher ist vom Zug schon abgefallen,
Wenn auf den Sarg die ersten Brocken knallen –
Und ausgeträumt ist nun für alle Zeit
Ein Traum voll Eigenliebe, Einsamkeit.

Nichts tut mehr Not Marina jetzt hienieden,
Zwetajewa, Bojarin, frisch verschieden.

11. April 1916

твое – птица в руке,
Имя твое – льдинка на языке.
Одно-единственное движенье губ.
Имя твое – пять букв.
Мячик, поймянный на лету,
Серебряный бубенец во рту.

Камень, кинутый в тихий пруд,
Всхлипнет так, как тебя зовут.
В легком щелканье ночных копыт
Громкое имя твое гремит.
И назовет его нам в висок
Звонко щелкающий курок.

Имя твое, – ах, нельзя! –
Имя твое – поцелуй в глаза,
В нежную стужу недвижных век.
Имя твое – поцелуй в снег.
Ключевой, ледяной, голубой глоток.
С именем твоим – сон глубок.

15 апреля 1916

Dein Name – bebendes Vogeljunges,
Dein Name – Eiskorn mir auf der Zunge,
Eine Lippenbewegung, ein Klang.
Dein Name – fünf Buchstaben lang.
Ball im Fluge gefangen und
Silberne Schelle im Mund.

Stein, der im Teich ertrinkt,
Schluchzt, wie dein Name klingt.
Klappern des Nachts tänzelnde Hufe,
Hör ich laut deinen Namen rufen.
Klickt der Revolverhahn uns an der Schläfe,
Ist es, als ob sie dein Name träfe.

Dein Name – Ersehnter, ach! –
Küßt die Augen beide mir sacht:
Warn so kühl, so zart meine Lider je?
Dein Name – ein Kuß in den Schnee.
Von klarblauem, eisigem Quell getrunken ...
Mit deinem Namen in Schlaf gesunken.

15. April 1916

О муза плача, прекраснейшая из муз!
О ты, шальное исчадие ночи белой!
Ты черную насылаешь метель на Русь,
И вопли твои вонзаются в нас, как стрелы.

И мы шарахаемся, и глухое: ох! –
Стотысячное – тебе присягает, – Анна
Ахматова! – Это имя – огромный вздох,
И в глубь он падает, которая безымянная.

Мы коронованы тем, что одну с тобой
Мы землю топчем, что небо над нами – то же!
И тот, кто ранен смертельной твоей судьбой,
Уже бессмертным на смертное сходит ложе.

В певучем граде моем купола горят,
И Спаса светлого славит слепец бродячий ...
И я дарю тебе свой колокольный град,
Ахматова! – и сердце свое в придачу.

19 июня 1916

O Klage-Muse, mir die allerschönste Mus'!
Du ungestüm Geschöpf, aus weißer Nacht geboren!
Schickst schwarzen Schneesturms Wirbel auf die weite Rusj,
Dein Schmerz, er dringt wie spitze Pfeile in die Poren.

Wir sind getroffen, schaudern – und ein dumpfes Ach
Aus hunderttausend Kehlen schwört: Achmatowa!
Dein Name, Anna, dringt als große Trauermacht
In Tiefen, ungenannte, die kein Mensch geahnt noch hat.

Geadelt sind wir schon, weil wir auf gleicher Erd'
Wie du einhergehn, unterm gleichen Firmament!
Und wen verletzt dein tödliches Geschick, der werd
Unsterblich schon, eh er den eignen Tod erkennt.

Die Kuppeln glühen hell in meiner Liederstadt,
Den Ruhm des lichten Heilands singt ein fahr'nder Blinder ...
Ich schenk, Achmatowa, was sie an Glocken hat,
Dir, meiner Muse – und mein Herz als Angebinde.

19. Juni 1916

Белое солнце и низкие, низкие тучи,
Вдоль огородов – за белой стеною – погост.
И на песке вереница соломенных чучел
Под перекладинами в человеческий рост.

И, перевесившись через заборные колья,
Вижу: дороги, деревья, солдаты вразброд ...
Старая баба – посыпанный крупною солью
Черный ломоть у калитки жует и жует.

Чем прогневили тебя эти серые хаты,
Господи! – и для чего стольким простреливать грудь?
Поезд прошел и завыл, и завыли солдаты,
И запылил, запылил отступающий путь ...

Нет, умереть! Никогда не родиться бы лучше,
Чем этот жалобный, жалостный, каторжный вой
О чернобровых красавицах. – Ох, и поют же
Нынче солдаты! О, Господи Боже ты мой!

8 июля 1916

Fahlweiße Sonne und niedrige, niedrige Wolken,
Neben den Gärten die Mauer des Dorffriedhofs – fahl.
Vorne im Sand reih'n sich Strohpuppen, Vögel zu scheuchen,
Drüber aus Balken ragt auf ein Gerüst, Pfahl um Pfahl.

Über den Zaunspfosten lehn ich mich, so kann ich schauen:
Wege und Dörfer, Soldaten verstreut übers Land ...
Seh an der Pforte die Alte dort mümmeln und kauen,
Zitternd das Schwarzbrot mit körnigem Salz in der Hand.

Womit erzürnten dich, Herr, diese lehmgrauen Katen!
Wozu so vielen, so vielen das Blei in den Bauch?
Brüllend verliert sich ein Zug, und es brüllen Soldaten,
Staubig, so staubig der fliehende Weg hinterm Strauch ...

Lieber den Tod! Nie geboren zu werden, wär besser
Als dieses brüllende, klägliche Sträflingsgegrein
Über die schwarzbraunen Schönen. – Wie singen sie gräßlich,
Ach, die Soldaten dies Jahr! Herr, erbarme dich mein!

8. Juli 1916

Сегодня ночью я одна в ночи –
Бессонная, бездомная черница! –
Сегодня ночью у меня ключи
От всех ворот единственной столицы!

Бессонница меня толкнула в путь.
– О, как же ты прекрасен, тусклый Кремль мой! –
Сегодня ночью я целую в грудь –
Всю круглую воюющую землю!

Вздымаются не волосы, а мех,
И душный ветер прямо в душу дует.
Сегодня ночью я жалею всех, –
Кого жалеют и кого целуют.

1 августа 1916

Heut nacht bin ohne Schlaf ich, nachts allein,
Bin Nonne, schwarz und hauslos, ohne Ruhe!
Ganz Moskau steht mir offen jetzt, denn mein
Die Schlüssel heut zu allen Toren, Truhen!

Laßt mich hinaus ins Offne, weil ich muß,
Muß sehn dich, Kreml, daß ich ruhig werde.
Wie bist du schön heut nacht! Oh, meinen Kuß
Der ganzen in den Krieg gezognen Erde!

Ein schwüler Wind fährt in die Seele sacht,
Sträubt mir das Pelzhaar, drin ich stecke.
Ich hab ein Herz für alle die heut nacht,
Die Mitleid finden und die Küsse schmecken.

1. August 1916

Я тебя отвоюю у всех земель, у всех небес,
Оттого что лес – моя колыбель, и могила – лес,
Оттого что я на земле стою – лишь одной ногой,
Оттого что я о тебе спою – как никто другой.

Я тебя отвоюю у всех времен, у всех ночей,
У всех золотых знамен, у всех мечей,
Я закину ключи и псов прогоню с крыльца –
Оттого что в земной ночи я вернее пса.

Я тебя отвоюю у всех других – у той, одной,
Ты не будешь ничей жених, я – ничьей женой,
И в последнем споре возьму тебя – замолчи! –
У того, с которым Иаков стоял в ночи.

Но пока тебе не скрещу на груди персты, –
О, проклятие! – у тебя остаешься – ты:
Два крыла твои, нацеленные в эфир, –
Оттого что мир – твоя колыбель, и могила – мир!

15 августа 1916

Ich trotz dich allen Erden, allen Himmeln ab,
Weil der Wald meine Wiege und der Wald mein Grab,
Weil ich steh auf der Erde – auf einem Bein,
Weil ich singen dich werde – wie nur ich allein.

Ich trotz dich allen Zeiten ab und allen Nächten
Und allen goldnen Bannern, Schwertern der Gerechten.
Hab die Schlüssel verworfen, die Hunde verjagt –
Bin dir treuer als Hunde in irdischer Nacht.

Ich trotz dich allen andern ab, auch jener einen,
Mich soll kein Bräutigam, dich keine Braut je freien.
Im letzten Streit ring ich dich dem ab – keinen Namen! –,
Mit dem einst Jakob stand des Nachts, Isaaks Samen.

Doch bis die Hände einst ich auf der Brust dir falte,
Wirst du – o Fluch! – dir selber nur gehörn von allen:
Denn deine Flügel zielen auf den Äther ab –
Weil die Welt deine Wiege und die Welt dein Grab.

15. August 1916

Красною кистью
Рябина зажглась.
Падали листья,
Я родилась.

Спорили сотни
Колоколов.
День был субботний:
Иоанн Богослов.

Мне и доныне
Хочется грызть
Жаркой рябины
Горькую кисть.

16 августа 1916

Rot glühten Trauben
Am Vogelbeerbaum.
Rings fiel das Laub, und
Ich wurd geborn.

Hunderte Glocken
Stritten sich dann.
Sonnabend war's:
Tag des Johann.

Mag sie noch heute
Knacken und kau'n,
Bittere Trauben
Vom glühenden Baum.

16. August 1916

Стихи растут, как звезды и как розы,
Как красота – ненужная в семье.
А на венцы и на апофеозы –
Один ответ: – Откуда мне сие?

Мы спим – и вот, сквозь каменные плиты,
Небесный гость в четыре лепестка.
О мир, пойми! Певцом – во сне – открыты
Закон звезды и формула цветка.

14 августа 1918

Если душа родилась крылатой –
Что́ ей хоромы и что́ ей хаты!
Что́ Чингисхан ей и что́ – Орда!
Два на миру у меня врага,
Два близнеца – неразрывно-слитых:
Голод голодных – и сытость сытых!

18 августа 1918

Gedichte wachsen Sternen gleich und Rosen,
Gleich einer Zier – man braucht sie nicht so sehr.
Nach Lorbeerkränzen und Apotheosen
Frag ich mich: Wo nehm ich das her?

Wir schlafen – und durch Felsenplatten, Schrunden
Ein Himmelsgast – vier grüne Blättchen – dringt.
Begreift! Dem Sänger wird – im Traume – Kunde,
Woraus der Stern ist, wie die Knospe springt.

14. August 1918

Weil meine Seele geflügelt geboren,
Ist sie für Hütten, Paläste verloren!
Für Dschingis Khan und die Goldene Horde!
Zwei sind mir ewig zu Feinden geworden,
Die unzertrennlich verbunden sich hatten:
Hunger der Hungrigen, Sattheit der Satten!

18. August 1918

Что другим не нужно – несите мне!
Всё дожно сгореть на моем огне!
Я и жизнь маню, я и смерть маню
В легкий дар моему огню.

Пламень любит – легкие вещества:
Прошлогодний хворост – венки – слова.
Пламень – пышет с подобной пищи!
Вы ж восстанете – пепла чище!

Птица-Феникс я, только в огне пою!
Поддержите высокую жизнь мою!
Высоко горю – и горю дотла!
И да будет вам ночь – светла!

Ледяной костер – огневой фонтан!
Высоко несу свой высокий стан,
Высоко несу свой высокий сан –
Собеседницы и Наследницы!

2 сентября 1918

Bringt zu mir, was nicht not tut den andern!
Alles soll brennen in meiner Flamme!
Ich zieh den Tod an, zieh an das Leben,
Solln meiner Flamme die Nahrung geben.

Feuer liebt – leichtere Stoffe, verdorrte:
Vorjahrsreisig – Kränze – und Worte.
Von solcher Speise das Feuer – wird lodern!
Ihr, steht doch auf – und verglühn wird der Moder!

Ich bin ein Phönix, ich sing nur im Feuer!
Helft meine Höhe mir halten, erneuern!
Hoch schlägt die Flamme – ich brenne ganz!
Und so wird hell sein – die Nacht des Lands!

Eisiges Feuer – Flammenfontäne!
Reck hoch hinauf meine feurige Mähne,
Reck hoch hinauf meine Würde, die herbe:
Hört, daß ich mitrede, ich bin die Erbin!

2. September 1918

На бренность бедную мою
Взираешь, слов не расточая.
Ты – каменный, а я пою,
Ты – памятник, а я летаю.

Я знаю, что нежнейший май
Пред оком Вечности – ничтожен.
Но птица я – и не пеняй,
Что легкий мне закон положен.

16 мая 1920

Mein elendes Vergänglich-Sein!
Und du – wenn ich davon beginne,
Kein Wort. Du bist ein Denkmal – Stein.
Ich aber fliege! Und ich singe.

Ein Nichts vor der Unendlichkeit
Ist Maiengrün, ich weiß, hienieden.
Dem Vogel aber hat, verzeih,
Der Himmel Leichtigkeit beschieden.

16. Mai 1920

С. Э.

Писала я на аспидной доске,
И на листочках вееров поблеклых,
И на речном, и на морском песке,
Коньками по́ льду и кольцом на стеклах, –

И на стволах, которым сотни зим ...
И, наконец, – чтоб было всем известно! –
Что ты любим! любим! любим! любим! –
Расписывалась – радугой небесной.

Как я хотела, чтобы каждый цвел
В века́х со мной! под пальцами моими!
И как потом, склонивши лоб на стол,
Крест-накрест перечеркивала имя ...

Но ты, в руке продажного писца
Зажатое! ты, что мне сердце жалишь!
Непроданное мной! *внутри* кольца!
Ты – уцелеешь на скрижалях.

18 мая 1920

Für S. E.

Auf eine Schiefertafel schrieb ich's weiß,
Auf die Lamellen von verblichnen Fächern,
Mein Ring: auf Scheiben, Schlittschuhe: aufs Eis,
Auf Sand am Meer, am Fluß auf sand'ge Flächen, -

An Stämme, die schon standen hundert Jahr ...
Und schließlich - daß es wahr sei, nicht gelogen,
Daß ich dich liebe! liebe! immerdar! -
Setzt ich als Unterschrift den Regenbogen.

Wie wünscht ich mir, daß jeder mir gedeiht
Für Ewigkeiten! unter meinen Händen!
An meinem Schreibtisch dann, voll Müdigkeit,
Strich ich die Namen aus, machte ein Ende ...

Doch du, in des bezahlten Schreibers Hand
Gepreßt! Wovon ich fühl mein Herz erbeben!
Niemals verkauf ich dich! *Im Ring* benannt!
Du - wirst für immer auf den Tafeln leben.

18. Mai 1920

Кто создан из камня, кто создан из глины, –
А я серебрюсь и сверкаю!
Мне дело – измена, мне имя – Марина,
Я – бренная пена морская.

Кто создан из глины, кто создан из плоти –
Тем гроб и надгробные плиты ...
– В купели морской крещена – и в полете
Своем – непрестанно разбита!

Сквозь каждое сердце, сквозь каждые сети
Пробьется мое своеволье.
Меня – видишь кудри беспутные эти? –
Земною не сделаешь солью.

Дробясь о гранитные ваши колена,
Я с каждой волной – воскресаю!
Да здравствует пена – веселая пена –
Высокая пена морская!

23 мая 1920

Aus Stein sind die einen, die andern vom Tone –
Doch ich schimmre silbern und glänze.
Ich steh für – die Untreu, im Meere ich wohne:
Aus Meeresschaum bin ich, vergänglich.

Aus Ton sind die einen, die andern vom Fleisch –
Man wird ihnen Grabsteine setzen.
– Im Meerstein getauft, und die Brandung mein Reich –
Ich: rastlos im Fluge zerfetzte!

Kein Netz kann ihn halten, kein Herz widerstehn,
Mein Eigensinn – nichts kann ihm wehren.
Nein, ich – sieh, wie wüst mich die Locken umwehn! –
Zu Salz nimmer werde der Erde.

An euren granitenen Knien zerstoben,
Gebärt jede Wog' mich aufs neue!
Lang lebe der Meerschaum – der fröhliche, droben –
Der Schaum der vergänglichen Treue!

23. Mai 1920

Проста моя осанка,
Нищ мой домашний кров.
Ведь я островитянка
С далеких островов!

Живу – никто не нужен!
Взошел – ночей не сплю.
Согреть Чужому ужин –
Жилье свое спалю!

Взглянул – так и знакомый,
Взошел – так и живи!
Просты наши законы:
Написаны в крови.

Луну заманим с неба,
В ладонь, – коли мила!
Ну а ушел – как не́ был,
И я – как не была.

Гляжу на след ножовый:
Успеет ли зажить
До первого чужого,
Который скажет: „Пить“.

Август 1920

Mein Wuchs ist unauffällig,
Armselig ist mein Herd.
Von einer Insel bin ich
Aus einem fernen Meer.

Ich lebe – brauche keinen!
Kommt wer – dann lieg ich wach.
Fremde zu tränken, speisen,
Brenn ich mein Eignes ab!

Schaut einer – wohl gelitten,
Kommt er herein – nun gut.
Denn schlicht sind unsre Sitten:
Sie liegen uns im Blut.

Der Mond vom Himmel rollte,
Mir in den Schoß sogar!
Und ging *er* fort – was sollt es,
Ich schau – als ob nichts war.

Ich prüf, wo er gestochen:
Ob alles gut verheilt?
Könnt wieder einer pochen,
Der trinkt und noch verweilt.

August 1920

Другие – с очами и с личиком светлым,
А я-то ночами беседую с ветром.
Не с тем – италийским
Зефиром младым, –
С хорошим, с широким,
Российским, сквозным!

Другие всей плотью по плоти плутают,
Из уст пересохших – дыханье глотают ...
А я – руки настежь! – застыла – столбняк!
Чтоб выдул мне душу – российский сквозняк!

Другие – о, нежные, цепкие путы!
Нет, с нами Эол обращается круто.
– Небось, не растаешь! Одна – мол – семья! –
Как будто и вправду – не женщина я!

2 августа 1920

Wenn andere äugeln mit hübschen Gesichtchen,
Red ich mit dem Wind in den einsamen Nächten;
Nicht mit Zephir, dem milden
Italischer Breiten –
Ich red mit dem wilden,
Dem russischen, weiten!

Wenn andre, dem Fleisch hold, an Fleisch sich ergötzen,
Vertrockneten Lippen noch Atem ablechzen –
Steh ich – Arme offen! – verwurzelt und fest!
Bis russischer Wind mir die Seele ausbläst!

Die andern – oh, süß sind die Bande, doch eng!
Mit uns aber – nein! – verfährt Äolus streng.
„Verkümmerst am End! Ohne Kinder, kein Mann!"
Als wär keine Frau ich, so hört sich das an!

2. August 1920

Знаю, умру на заре! На которой из двух,
Вместе с которой из двух – не решить по заказу!
Ах, если б можно, чтоб дважды мой факель потух!
Чтоб на вечерней заре и на утренней сразу!

Пляшущим шагом прошла по земле! – Неба дочь!
С полным передником роз! – Ни ростка не наруша!
Знаю, умру на заре! – Ястребиную ночь
Бог не пошлет по мою лебединую душу!

Нежной рукой отведя нецелованный крест,
В щедрое небо рванусь за последним приветом.
Прорезь зари – и ответной улыбки прорез ...
– Я и в предсмертной икоте останусь поэтом!

Декабрь 1920

Ja! Wenn ich sterbe, wird Morgenrot, Abendrot sein!
Welches von beiden mir glühn wird – kein Wunsch kann's entscheiden!
Könnt meine Fackel doch zweimal erlöschen – oh, mein
Wären dann Abend- und Morgenrot – stürbe mit beiden!

Tanzend, so ging ich auf Erden! – Vom Himmel geliebt!
Schürze voll Rosen! – Daß keine der Knospen mir fehle!
Sonnenrot scheint mir, ich weiß – keine Habichtsnacht gibt
Gott, wenn ich sterb, auf den Weg meiner Schwanenfrauseele!

Ungeküßt leg ich das Priesterkreuz sanft aus der Hand fort,
Stürz in den Himmel – den letzten Gruß heischend –, zum Lichte.
Schnitt durch das Sonnenrot – Schnitt durch mein Lächeln, die Antwort ...
Bis in den letzten Hauch bin ich und bleibe – ein Dichter!

Dezember 1920

Роландов рог

Как нежный шут о злом своем уродстве,
Я повествую о своем сиротстве ...

За князем – род, за серафимом – сонм,
За каждым – тысячи таких, как он,

Чтоб, пошатнувшись, – на живую стену
Упал и знал, что – тысячи на смену!

Солдат – полком, бес – легионом горд,
За вором – сброд, а за шутом – всё горб.

Так, наконец, усталая держаться
Сознаньем: перст и назначеньем: драться,

Под свист глупца и мещанина смех –
Одна из всех – за всех – противу всех! –

Стою и шлю, закаменев от взлёту,
Сей громкий зов в небесные пустоты,

И сей пожар в груди тому залог,
Что некий Карл тебя услышит, Рог!

Март 1921

Rolands Horn

Wie bösen Mißwuchs zarte Narr'n beklagen,
So will ich heute von Verwaistheit sagen.

Dem Fürsten – sein Geschlecht und dem Seraph – die Schar,
Es folgen jedem tausend Gleiche nach,

Daß, fallend, er an einen Wall von Leben taumelt
Und wüßte dabei: Mich ersetzen Tausend!

Ein Teufel setzt auf Spuk, Soldat – aufs Regiment,
Ein Dieb – aufs Pack; der Narr – nur 'n Buckel kennt.

Des Loses müde, stets verdammt zu sein,
Dem Spott der Spießer mutterseelnallein,

Dem Hohn der Dummheit trotzend, wahr zu sehn,
Für alle – gegen alle! – anzugehn –,

Steh ich und rufe – steinhart, weil entgrenzt –
Dies laute Ho! ins leere Firmament.

Dafür brennt diese Glut in meiner Brust,
Daß bald ein Karl dich, Horn, doch hören muß!

März 1921

Из цикла „Разлука“

1

Все круче, все круче
Заламывать руки!
Меж нами не версты
Земные, – разлуки
Небесные реки, лазурные земли,
Где друг мой навеки уже –
Неотъемлем.

Стремит столбовая
В серебряных сбруях.
Я рук не ломаю!
Я только тяну их –
Без звука! –
Как дерево-машет-рябина –
В разлуку,
Вослед журавлиному клину.

Стремит журавлиный,
Стремит безоглядно.
Я спеси не сбавлю!
Я в смерти – нарядной
Пребуду! Твоей быстроте златоперой
Последней опорой
В потерях простора!

Июнь 1921

Aus dem Zyklus „Trennung“

1

Verzweifelter ringen
Die klagenden Hände!
Nicht irdische Werste –
Nein, himmlische trennen
Uns: himmlische Fluten, lasurbblaue Fernen,
Mein Freund, wo auf ewig
Schon binden dich Sterne.

In silbrigen Bändern
Die Straße eilt, ortlos.
Ich ring nicht die Hände!
Ich strecke sie – wortlos! –
Zum Abschied,
Wie Vogelbeerbaum winkt dem Zuge,
Der fort zieht,
Dem Kranichkeil nach, seinem Fluge.

Die Kraniche eilen,
Geflügelte Boten.
Ich werd mich nicht beugen!
Werd schön sein im Tode
Für dich! deinem Goldschwingenflug durch die Zeiten
Letzten Halt bedeuten
Im Verlornsein der Weiten!

Juni 1921

3

Тихонько
Рукой осторожной и тонкой
Распутаю путы:
Рученки, – и, ржанью
Послушная, зашелестит амазонка
По звонким, пустым ступеньям расставанья.

Топочет и ржет
В осиянном пролете
Крылатый. – В глаза – полыханье рассвета.
Рученки, рученки!
Напрасно зовете:
Меж нами – струистая лестница Лете.

27 июня 1921

3

Behutsam,
Mit Händen, das Tasten gewohnten,
Lös ich meine Fesseln:
Die Händchen. – Begleitet
Von Wiehern, stiehlt fort sich die Streit-Amazone
Auf leeren und hallenden Stufen des Scheidens.

Der Geflügelte wiehert
Und stampft mit den Hufen –
Zum leuchtenden Lodern des Morgenrots geht er.
Ach, Händchen, ihr Händchen!
Umsonst euer Rufen:
Uns scheidet die rieselnde Treppe der Lethe.

27. Juni 1921

Маяковскому

Превыше крестов и труб,
Крещенный в огне и дыме,
Архангел-тяжелоступ –
Здорово, в веках Владимир!

Он возчик, и он же конь,
Он прихоть, и он же право.
Вздохнул, поплевал в ладонь:
– Держись, ломовая слава!

Певец площадных чудес –
Здорово, гордец чумазый,
Что камнем – тяжеловес
Избрал, не прельстясь алмазом.

Здорово, булыжный гром!
Зевнул, козырнул – и снова
Оглоблей гребет – крылом
Архангела ломового.

18 сентября 1921

Für Majakowski

Hoch über Kreuze und Türm,
Rauchgetauft, feuergeweiht,
Wladimir, Erzengel, stürm
Wuchtigen Schritts in die Zeit!

Kutscher ist er und auch Roß,
Laune ist er und Gesetz.
Spuckt in die Hände, legt los:
Wappnet euch, Lastkutscher, jetzt!

Sänger, Verzaubrer der Stadt,
Schlampiger, stolzer, verehrter!
Mißt nie den Stein nach Karat –
Sucht sich und packt nur den schwersten.

Pflastersteindonner, ahoi!
Gähnt und hebt grüßend den Zügel –
Und schwenkt die Deichsel aufs neu:
Lastkutschers Erzengelflügel.

18. September 1921

Хвала Афродите

1

Блаженны дочерей твоих, Земля,
Бросавшие для боя и для бега.
Блаженны – в Елисейские поля
Вступившие, не обольстившись негой.

Там лавр растет, жестоколист и трезв, –
Лавр-летописец, горячитель боя ...
– Содружества заоблачный отвес
Не променяю на юдоль любови.

2

Уже богов – не те уже щедроты
На берегах не той уже реки.
В широкие закатные ворота,
Венерины, летите, голубки!

Я уж, на песках похолодевших лежа,
В день отойду, в котором нет числа ...
Как змей на старую взирает кожу –
Я молодость свою переросла.

17 октября 1921

Lob der Aphrodite

1

Gepriesen seien Erdentöchter mir,
Die um des Kampfes, der Bewegung willen,
Noch ohne Leibeswonnen zu verspürn,
Eingingen ins elysische Gefilde.

Dort wächst der Lorbeer, nüchtern, hart im Blatt –
Der Strauch der Ruhmes-Chronik, Kampfsignale ...
An höchster Gipfel Kameradschaft Statt
Begnüg mit Liebe ich mich nicht im Tale.

2

Die Götter kärglicher die Gaben spenden
An einem andern Ufer nun. – Zum Tor
Des Sonnenuntergangs, dem breiten, wendet
Euch, Venustauben, fliegt! Seid mir verlorn!

Auf ausgekühltem Sand lieg ich schon lange,
Bis eines Tags ich gehe reinen Blaus ...
Wie auf die alte Haut schaut eine Schlange,
Wuchs über meine Jugend ich hinaus.

17. Oktober 1921

Переселенцами –
В какой Нью-Йорк?
Вражду вселенскую
Взвалив на горб –

Ведь и медведи мы!
Ведь и татары мы!
Вшами изъедены
Идем – с пожарами!

Покамест – в долг еще!
А там, из тьмы –
Сонмы и полчища
Таких, как мы.

Полураскосая
Стальная щель.
Дикими космами
От плеч – метель.

– Во имя Господа!
Во имя разума! –
Ведь и короста мы,
Ведь и проказа мы!

Волчьими искрами
Сквозь вьюжный мех –
Звезда российская:
Противу всех!

Auswandrer klopfen an –
London, Madrid?
Feindschaft von Land zu Land
Schleppen wir mit.

Was wir für Bär'n doch sind!
Was für Asiaten!
Läuse und Schwären, Grind –
Vorsicht geraten!

Leben auf Borg noch jetzt!
Doch aus der Nacht
Solche wie wir zuletzt
Quellen millionenfach.

Schräge, verschlossen,
Stählern der Blick.
Schulter wirft Zotteln –
Schneesturm! – zurück.

Daß es euch Gott vergelt!
Daß ihr euch doch besinnt!
Weil uns auch Krätze quält,
Weil wir auch Aussatz sind!

Wolfsfunken brennen
Durch Schneewinds Pelz –
Russischer Stern: Er
Trotzt aller Welt!

Отцеубийцами –
В какую дичь?
Не ошибиться бы,
Вселенский бич!

„Люд земледельческий,
Вставай с постелею!“
И вот с расстрельщиком
Бредет расстрелянный,

И дружной папертью,
Рвань к голытьбе:
„Мир белоскатертный!
Ужо тебе!“

9 Февраля 1922

Verfemt für Vatermord –
Elend, geflüchtet –
Welt sollt' nicht irren dort,
Wo sie uns richtet!

„Steh auf, du Ackersvolk,
Ans Tagwerk wieder!"
Und mit Erschossenen
Trotten Erschießer.

Kirchgangs Almosen zählt
Hab-nichts mit Gib-was:
„Weiße-Servietten-Welt!
Mach dich gefaßt!"

9. Februar 1922

Некоторым – не закон.
В час, когда условный сон
Праведен, почти что свят,
Некоторые не спят:

Всматриваются – и в скры-
тнейшем лепестке: не ты!

Некоторым – не устав:
В час, когда на всех устах
Засуха последних смут –
Некоторые не пьют:

Впытываются – и сти-
снутым кулаком – в пески!

Некоторым, без кривизн, –
Дорого дается жизнь.

25 июня 1922

Manche kennen keine Norm.
Wenn gewohnter Schlaf konform
Oder fast schon heilig gilt,
Sind sie nicht zu Schlaf gewillt:

Sich aufs Härchen gegen's Licht
Prüfend, sagt man: Du doch nicht!

Manche kennen kein Gesetz:
Wenn die Welt nach Wasser lechzt,
Weil die Dürre alles fraß –
Wollen manche gar kein Naß:

Sie bedenken sich und – un-
bedingt – auf zur Karakum!

Manchen Leuten fällt, auf Ehr, –
's Leben schon ein wenig schwer.

25. Juni 1922

Рассвет на рельсах

Покамест день не встал
С его страстями стравленными,
Из сырости и шпал
Россию восстанавливаю.

Из сырости – и свай,
Из сырости – и серости.
Покамест день не встал
И не вмешался стрелочник.

Туман еще щадит,
Еще в холсты запахнутый
Спит ломовой гранит,
Полей не видно шахматных ...

Из сырости – и стай ...
Еще вестями шалыми
Лжет вороная сталь –
Еще Москва за шпалами!

Так, под упорством глаз –
Владением бесплотнейшим –
Какая разлилась
Россия – в три полотнища!

И – шире раскручу!
Невидимыми рельсами
По сырости пущу
Вагоны с погорельцами:

Morgengrauen über den Schienen

Bis daß der Tag steht auf
Mit den abgeweideten Leidenschaften,
Will ich aus Schwell'n und Tau
Das alte Rußland neu erschaffen.

Aus Nässe – und aus Grau.
Aus Grau – und Drähten, Masten,
Bis daß der Tag steht auf.
Noch Weichensteller rasten.

Noch gnädig überzieht
Des Nebels graue Decke
Hufeisenharten Granit,
Schachbrettgemusterte Äcker.

Aus Grau – und Vogelzügen ...
Der stählern schwarze Strang
Kann noch betör'n und lügen –
Bis Moskau ist's noch lang!

Ich starre, was ich kann –
Ein Reich der Körperlosigkeit
Verschwommen treibt heran –
Rußland, drei Leinenbahnen breit!

Da dreh ich weiter auf:
Auf unsichtbaren Schienen jetzt
Roll'n Wagen durch das Grau,
Mit Abgebrannten voll besetzt:

С пропавшими навек
Для Бога и людей!
(Знак: сорок человек
И восемь лошадей).

Так, посредине шпал,
Где даль шлагбаумом выросла,
Из сырости и шпал,
Из сырости – и сирости,

Покамест день не встал
С его страстями стравленными –
Во всю горизонталь
Россию восстанавливаю!

Без низости, без лжи:
Даль – да две рельсы синие ...
Эй, вот она! – Держи!
По линиям, по линиям ...

17 октября 1922

Verlor'nen allesamt,
Für Gott und Menschen – ausgebrannt!
(Ein Schild sagt: Vierzig Mann
Und Pferde acht. Verladen am ...).

Nur Schwellen rings und Grau,
Wo Ferne jäh als Schlagbaum ragt,
Aus Schwellen und aus Tau,
Wo nasse, graue Ödnis nagt ...

Bis daß der Tag wird wach
Mit den abgeweideten Leidenschaften –
Mit weitem Zirkelschlag
Will ich mir Rußland neu erschaffen!

Kein Schwindel, kein Geschwätz:
Ferne – zwei blaue Schienen nur ...
Doch halt, da ist es! – Jetzt!
Und weiter läuft die Spur, die Spur ...

12. Oktober 1922

В сиром воздухе загробном –
Перелетный рейс ...
Сирой проволоки вздроги,
Повороты рельс ...

Точно жизнь мою угнали
По стальной версте –
В сиром мороке – две дали ...
(Поклонись Москве!)

Точно жизнь мою убили.
Из последних сил
В сиром мороке в две жилы
Истекает жизнь.

28 октября 1922

Trostlos weht es wie vom Grabe –
Weithin geht die Fahrt ...
Trostlos schwirrt der Draht am Pfahle,
Schienen glänzen hart ...

So als jagte man mein Leben
Werstweit über Stahl –
Zweifach Ferne, trister Nebel ...
(Grüß mir Moskau mal!)

So als tötet man mein Leben.
Und mit letzter Kraft
Durch zwei Adern, trist im Nebel
Strömt der Lebenssaft.

28. Oktober 1922

Поэт

1

Поэт – издалека заводит речь.
Поэта – далеко заводит речь.

Планетами, приметами ... окольных
Притч рытвинами ... Между *да* и *нет*
Он, даже разлетевшись с колокольни,
Крюк выморочит ... Ибо путь комет –

Поэтов путь. Развеянные звенья
Причинности – вот связь его! Кверх лбом –
Отчаятесь! Поэтовы затменья
Не предугаданы календарем.

Он тот, кто смешивает карты,
Обманывает вес и счет,
Он тот, кто *спрашивает* с парты,
Кто Канта наголову бьет,

Кто в каменном гробу Бастилий
Как дерево в своей красе ...
Тот, чьи следы – всегда простыли,
Тот поезд, на который все
Опаздывают ...
                    – ибо путь комет –

Поэтов путь: жжя, а не согревая,
Рвя, а не взращивая – взрыв и взлом,
Твоя стезя, гривастая кривая,
Не предугадана календарем!

Der Dichter

1

Weit holt er aus, der Dichter, wenn er spricht.
Weit trägt ihn fort, den Dichter, sein Gedicht:

Mit Zeichen und Planeten – mit den Nischen
Der Gleichnisse. Wenn zwischen *Nein* und *Ja*
Ihn 's plötzlich auch vom Glockenturme risse,
So schlüg er Haken noch ... Denn die Poeten

Ziehn auf Kometenbahn. Des Ursprungs Risse
Gehn, auseinanderklaffend, hier in eins!
Starrt himmelan nur – Dichterfinsternisse
Kann kein Kalender jemals prophezein.

Er ist's, der Spielern mischt die Karten,
Betrügt um Farbe, Zahl und Blatt,
Fragt aus der Schulbank noch, der harten,
Und setzt den alten Kant schachmatt.

Im Sarkophage finsterer Verliese
Strotzt wie ein Baum er, Ast um Ast ...
Wer seiner Spur folgt, wird sie leicht verlieren,
Er ist der Zug, den stets verpaßt,
Wer ihn erreichen will ...
Denn die Poeten

Ziehn die Kometenbahn: Das glüht – und wärmt nicht,
Das reißt – und hegt nicht – krach, schlägt's ein.
Nein, deinen Lauf, du Kurve spröd und mähnig,
Kann kein Kalender prophezein!

2

Есть в мире лишние, добавочные,
Не вписанные в окоем.
(Не числящимся в ваших справочниках,
Им свалочная яма – дом.)

Есть в мире полые, затолканные,
Немотствующие: – навоз,
Гвоздь – вашему подолу шелковому!
Грязь брезгует из-под колес!

Есть в мире мнимые – невидимые:
(Знак: лепрозариумов крап!)
Есть в мире Иовы, что Иову
Завидивали бы – когда б:

Поэты мы – и в рифму с париями,
Но, выступив из берегов,
Мы Бога у богинь оспариваем
И девственницу у богов!

3

Что же мне делать, слепцу и пасынку,
В мире, где каждый и отч и зряч,
Где по анафемам, как по насыпям,
Страсти! – Где насморком
Назван – плач!

2

Die Welt kennt Überflüss'ge, Ungenannte,
In euerm Sehkreis nicht präsent.
(Der euern Auskunfteien nicht Bekannte
Den Müllberg sein Zuhause nennt.)

Es sind Herumgestoßne, scheue Vögel,
Sind Stumme, Stammler – kurz, ein Dreck:
Rafft euern Seidensaum, sie sind die Nägel!
Sie ekeln selbst den Schlamm am Weg!

Sie sind die Scheinbar'n und die Unsichtbar'n
(Ihr Zeichen: Lepraschuppen, Schwären!),
Sind Hiobs, die den alten Hiob gar
Beneidet hätten – wenn's so wäre,

Daß Dichter – wir! – auf Parias uns reimen.
Doch wenn wir treten aus der Ufer Hut,
Den Göttinnen wir ihren Gott abstreiten,
Den geilen Göttern keusches junges Blut!

3

Was fang ich an nur so blind und vaterlos,
Wo man nur Söhnchen und Sehende kennt,
Leidenschaft bricht sich am Bannfluch tatenlos!
Wo man die Tränen
Schnupfen nennt!

Что же мне делать, ребром и промыслом
Певчей! – Как провод! загар! Сибирь!
По наважденьям своим – как по мосту!
С их невесомостью
В мире гирь.

Что же мне делать, певцу и первенцу,
В мире, где наичернейший – сер!
Где вдохновенье хранят, как в термосе!
С этой безмерностью
В мире мер?!

22 апреля 1923

Was fang ich an, wenn mit Haar ich und Haut
Säng'rin bin! – Bahnhof! Sibirien! – Gesichte
Schlagen gedankenschnell Brücken, gebaut
Schwerelos, luftig
Im Reich der Gewichte.

Was fang ich an, ich, die Säng'rin, die Erste,
Wo tiefste Schwärze für Grau man noch hält!
Wo man Begeistrung mit Wärmflaschen hätschelt!
Mit diesem Unmaß
Im Maß der Welt?!

22. April 1923

Поэма заставы

А покамест пустыня славы
Не засыпет мои уста,
Буду петь мосты и заставы,
Буду петь простые места.

А покамест еще в тенётах
Не увязла – людских кривизн,
Буду брать – труднейшую ноту,
Буду петь – последнюю жизнь!

Жалобу труб.
Рай огородов.
Заступ и зуб.
Чуб безбородых.

День без числа.
Верба зачахла.
Жизнь без чехла:
Кровью запахло!

Потных и плотных,
Потных и тощих:
– Ну да на площадь?! –
Как на полотнах –

Как на полотнах
Только – и в одах:
Рев безработных,
Рев безбородых.

Vorstadtpoem

Und solang mir den Mund nicht verschütten
Öde Sande in Wüsten des Ruhms,
Will ich singen die einfachen Hütten,
Vorstadtbrücken, wo Ärmlichkeit wohnt.

Und solang ich mich nicht in den Netzen
Feiler Heuchler und Schmeichler verfing,
Will ich singen von jenen, den Letzten,
Bis das Lied mir, das schwerste, gelingt!

Klagender Qualm.
Tröstender Garten.
Spaten und Zahn.
Bartlos Behaarte.

Tag ohne Datum.
Weidenbaum siecht.
Leben pur – Fatum:
Blutet und riecht!

Schwitzende, Starke,
Schwitzende, Magre:
„Na dann zum Markte?!“
Ganz wie Gemalte ...

So schrei’n Gemalte
Nur – schreien Verse:
„Arbeit, bezahlte!“
Bartlos Verhärmte.

Ад? Да,
Но и сад – для
Баб и солдат,
Старых собак,
Малых ребят ...

„Рай – с драками?
Без – раковин
От устриц?
Без люстры?
С заплатами?!“

– Зря плакали:
У всякого
Свой.

Здесь страсти поджары и ржавы:
Держав динамит!
Здесь часто бывают пожары:
Застава горит!

Здесь ненависть оптом и скопом:
Расправ пулемет!
Здесь часто бывают потопы:
Застава плывет!

Здесь плачут, здесь звоном и воем
Рассветная тишь.
Здесь отрочества под конвоем
Щебечут: шалишь!

Hölle? – Na klar.
Aber auch Park –
Weibern, Soldaten,
Alten Tölen,
Kleinen Gören ...

„Paradies mit Tücken –
Streit, Prügelein?
Keine Austernschalen?
Keine Lüsterstrahlen?
Paradies mit Flicken?“

Nutzlos zu jammern:
Jeder hat
Seins.

Leidenschaft: engbrüstig, klamm,
Dynamit im Hemd!
Schnell steht ein Schuppen in Flamm’n:
Die Vorstadt brennt!

Haß wuchert wild, ungehemmt:
Rache schlägt Wunden!
Gassen sind oft überschwemmt:
Vorstadt Land unter!

Schelten, Geflenne schon früh
Beim Glockenschlag.
Halbwüchs’ge knurrn, abgeführt:
„Was du nicht sagst!“

Здесь платят! Здесь – Богом и Чертом,
Горбом и торбой!
Здесь молодости, как над мертвым,
Поют над собой.

Здесь матери, дитя заспав ...
– Мосты, пески, кресты застав! –

Здесь, младшую купцу пропив,
Отцы ...
          – Кусты, кресты крапив ...

– Пусти.
– Прости.

23 апреля 1923

Bezahlt wird – Bei Gott und Zum Henker,
Mit Rackern und Brot!
Jugend besingt sich, als sänge
Sie eigenen Tod.

Wenn im Schlaf eine 's Kind hat erdrückt ...
„O Vorstadtkreuze, Brücke, Schlick!"

Wenn die Jüngste verspielt ist im Suff,
Die Väter ...
„Kreuze, Krätze, Krötenbusch!"

„Gib mich frei."
„Verzeih."

23. April 1923

Сибилла – младенцу

К груди моей,
Младенец, льни:
Рождение – паденье в дни.

С заоблачных нигдешних скал,
Младенец мой,
Как низко пал!
Ты духом был, ты прахом стал.

Плачь, маленький, и впредь, и вновь:
Рождение – паденье в кровь.

И в прах,
И в час ...

Где зарева его чудес?
Плачь, маленький: рожденье в вес!

Где залежи его щедрот?
Плачь, маленький: рожденье в счет,

И в кровь,
И в пот ...

Но встанешь! То, что в мире смертью
Названо – паденье в твердь.

Но узришь! То, что в мире – век
Смежение – рожденье в свет.

Из днесь –
В навек.

Sibylle an einen Säugling

An meine Brust
Schmieg dich, gefeit:
Geburt ist Fallen in die Zeit.

Von überird'schem hohem Stein
Wie tief du fielst,
Mein Kindelein!
Warst Seele – und mußt Staub nun sein.

Wein, Kindelein, geborn vom Weib:
Geburt ist Fallen in den Leib.

Und in den Staub
Und in die Zeit ...

Wo scheint der Wunder göttlich Licht?
Wein, Kind: geboren ins Gewicht!

Ist Seiner Güte Maß gesetzt?
Wein, Kind: geboren in die Zahl,

In Blut, in Schweiß,
Verfall zuletzt ...

Doch du erstehst! Denn was uns Blässe
Und Tod dünkt, fällt – in Himmelsfeste.

Doch du erblickst! Dein Wimpernschlag:
Geburt ins Licht, das ewig tagt.

Vom Jetzt –
Zum Ewigen.

Смерть, маленький, не спать, а встать,
Не спать, а вспять.

Вплавь, маленький! Уже ступень
Оставлена ...
                    – Восстанье в день.

17 мая 1923

Der Tod ist, Kindelein, nicht Schlaf,
Ist Auferstehn und Umkehrn ja.

Fließ ein, mein Kind, geh ein und wag
Den ersten Schritt!
– Ersteh zum Tag.

17. Mai 1923

Занавес

Водопадами занавеса, как пеной –
Хвоей – пламенем – прошумя.
Нету тайны у занавеса – от сцены:
(Сцена – ты, занавес – я.)

Сновиденными зарослями (в высоком
Зале – оторопь разлилась)
Я скрываю героя в борьбе с Роком,
Место действия – и – час.

Водопадными радугами, обвалом
Лавра (вверился же, знал!)
Я тебя загораживаю от зала,
(Завораживаю – зал!)

Тайна занавеса! Сновиденным лесом
Сонных снадобий, трав, зёрн ...
(За уже содрогающейся завесой
Ход трагедии – как – шторм!)

Ложи – в слезы! В набат, ярус!
Срок, исполнься! Герой, будь!
Ходит занавес – как – парус,
Ходит занавес – как – грудь.

Из последнего сердца тебя, о недра,
Загораживаю. – Взрыв!
Над ужа – ленною – Федрой
Взвился занавес – как – гриф.

Нате! Рвите! Глядите! Течет, не так ли
Заготавливайте чан!

Der Vorhang

Vorhang: Wasserfall, tosende Flammen,
Rauschen von Tannenwald, brandende Gischt.
Vorhang und Bühne – Vertraute zusammen:
(Bühne bist du, Vorhang bin ich.)

Dickicht, traumerdacht, sprießt um den Recken
(Verwirrung geht im Saale rund):
Seinen Schicksalskampf will ich verstecken,
Auch den Handlungsort – und die Stund.

Mit Bergen Lorbeers, bunten Regenbogen
Von Wasserfällen (füg dich drein!)
Schirm ich dich ab – sei so dem Saal entzogen.
(Denn ich verzaubere die Reih'n!)

Vorhangs Geheimnis: Traumwaldes Walten –
Schläferndes Kraut, Beere und Saft ...
(Schon fährt ein Beben in seine Falten –
Tragischer Sturm – Leidenschaft!)

Loge, in Tränen! Rang, läute Sturm!
Tag, sei gekommen! Held – bewußt!
Der Vorhang wogt – wie – Segel, zurrt!
Der Vorhang wogt – wie – die Brust.

Aus letztem Herzen beschirme ich, Seele,
Innerste, trauteste, dich. – Explosion!
Über der natter-gebissenen Phädra
Schwingt – wie – ein Greif – sich der Vorhang empor.

Ja, glotzt! Zerfetzt! – Verletzt? Was tut's?
Fließt es? – Holt Kübel, Bütte, Faß!

Я державную рану отдам до капли!
(Зритель бел, занавес рдян).

И тогда, сострадательным покрывалом
Долу, знаменем прошумя.
Нету тайны у занавеса – от зала.
(Зала – жизнь, занавес – я).

23 июня 1923

Da – der hehren Wunde letzten Tropfen Bluts!
(Vorhang ist rot, Zuschauer: blaß.)

Decke aus Mitleid – rauschendes Banner –
Senkt sich herab, mehr bedarf es hier nicht.
Vorhang und Saal, sie vertrauen einander.
(Saal ist das Leben, Vorhang bin ich.)

23. Juni 1923

Клинок

Между нами – клинок двуострый
Присягнувши – и в мыслях класть ...
Но бывают – страстные сестры!
Но бывает – братская страсть!

Но бывает такая примесь
Прерий в ветре и бездны в губ
Дуновении ... Меч, храни нас
От бессмертных душ наших двух!

Меч, терзай нас, и, меч, пронзай нас,
Меч, казни нас, но, меч, знай,
Что бывает такая крайность
Правды, крыши такой край ...

Двусторонний клинок – рознит?
Он же сводит! Прорвав плащ!
Так своди же нас, страж грозный,
Рана в рану и хрящ в хрящ!

(Слушай! если звезда, срываясь ...
Не по воле дитя с ладьи
В море падает ... Острова есть,
Острова для любой любви ...)

Двусторонний клинок, синим
Ливший, красным пойдет ... Меч
Двусторонний – в себя вдвинем.
Это будет – лучшее лечь!

Это будет – братская рана!
Так, под звездами, и ни в чем

Die Klinge

Zwischen uns – die Klinge für beide,
Auch im Geist sie zu meiden geschworn ...
Doch auch Schwestern leben in Leiden-
schaft! Wird vom Bruder der Bruder erkorn!

Und du möchtest im Wind von Prärien,
Eines Lippenhauchs Abgrund vergehn ...
Ach, vor unsern unsterblichen Seelen,
Schwert, bewahr uns, bewahre uns zween!

Schwert, vernicht uns und richt uns, durchfahr beid
Unsre Leiber, doch wisse und trau:
Solch Gewohnheiten spottende Wahrheit
Gibt es auch, solchen Rand hat der Bau ...

Klinge, zwiefach geschliffen – zu scheiden?
Sie vereint! Ist der Mantel zerfetzt,
Grimm'ger Wächter, so ein uns, gib beiden
Einen Stoß, *eine* Wunde zuletzt!

(Aber halt! Wenn ein Stern ganz allein
Stürzt ins All ... Wenn ein Kind über Bord
Fällt ins Meer ... Müssen Inseln doch sein:
Jeder Lieb' ihre Insel, ihr Ort ...)

Doppelt geschliffner blauschwarzer Stahl
Wird sich röten nun ... Wollen dich, Klinge,
Zwiefach geschliffne, zusammen empfahn,
Daß uns das Sterben würdig gelinge.

So wird es sein – *eine* Wunde!
Schuldlos wir gehn von der Erd ...

Не повинные ... Точно два мы
Брата, спаянные мечом!

18 августа 1923

Brüderlich unter den Sternen
Brennst und verschweißt du uns, Schwert!

18. August 1923

Прокрасться ...

А может, лучшая победа
Над временем и тяготеньем –
Пройти, чтоб не оставить следа,
Пройти, чтоб не оставить тени

На стенах ...
Может быть – отказом
Взять? Вычеркнуться из зеркал?
Так: Лермонтовым по Кавказу
Прокрасться, не встревожив скал.

А может – лучшая потеха
Перстом Себастиана Баха
Органного не тронуть эха?
Распасться, не оставив праха

На урну ...
Может быть, обманом
Взять? Выписаться из широт?
Так: Временем как океаном
Прокрасться, не встревожив вод ...

14 мая 1923

Schleichen ...

Am besten meistert man vielleicht
Die Schwerkraft, nimmt der Zeit die Dauer –
Wenn spurlos man des Weges schleicht,
Nicht einen Schatten auf der Mauer

Zurückläßt ...
                    Oder durch Versagung
Bestehn? Sich aus den Spiegeln streichen?
Als Lermontow den Kaukasus durchschleichen,
Ohne daß Felsen Füße tragen ...

Ein Heidenspaß wär's, wenn's gelänge,
Als Bach zu greifen in die Tasten
Und nicht zu rührn an Orgelklänge!
Zerfallen, keine Asche lassend

Der Urne ...
                    Oder täuschen, mauscheln?
Ich sei vom Globus abgemeldet?
Durch Zeit wie durch ein Meer zu rauschen,
Ohne zu rühren an die Wellen ...

14. Mai 1923

Расщелина

Чем окончился этот случай –
Не узнать ни любви, ни дружбе.
С каждым днем отвечаешь глуше,
С каждым днем пропадаешь глубже.

Так, ничем уже не волнуем, –
Только дерево ветви зыблет, –
Как в расщелину ледяную –
В грудь, что *так* о тебя расшиблась!

Из сокровищницы подобий
Вот тебе – наугад – гаданье:
Ты во мне как в хрустальном гробе
Спишь, – во мне, как в глубокой ране

Спишь, – тесна ледяная прорезь!
Льды к своим мертвецам ревнивы:
Перстень – панцырь – печать – и пояс ...
Без возврата и без отзыва.

Зря Елену клянете, вдовы!
Не Елениной красной Трои
Огнь! Расщелины ледниковой
Синь, на дне опочиешь коей ...

Сочетавшись с тобой, как Этна
С Эмпедоклом ... Усни, сновидец!
А домашним скажи, что тщетно:
Грудь своих мертвецов не выдаст.

17 июня 1923

Der Spalt

Wie nur ist das am End gekommen –
Freundschaft deutet es nicht noch Liebe.
Täglich antwortest du verschwommner,
Täglich wird die Kluft zu dir tiefer.

Wie sonst könnten wir noch erregen –
Nur der Baum läßt die Zweige zittern –,
Als in den eisigen Spalt zu legen:
Brust, die *so sehr* an dir gelitten!

Aus der Schatzkammer der Vergleiche
Auf gut Glück ich dir hier verkünde:
Im Kristallsarg ruhst du als Leiche
In mir: in einer tiefen Wunde.

Eng das Lager in Eisestiefe!
Eis ist Toten ein strenger Wächter:
Ring und Panzerung, Gurt und Siegel …
Kein Zurück gibt es und kein Echo.

Zürnt doch Helena nicht aufs Neue!
Nicht der Schönen, nicht Trojas Feuer!
Hier erstrahlt nur das Blau des Spaltes,
Tief vom Grund, wo du nun erkaltest …

Wirst nie mehr dich von ihm erheben,
Wie Empedokles nicht vom Ätna.
Und den Deinigen sag, vergebens:
Ewig die Brust ihre Toten bettet.

17. Juni 1923

Раковина

Из лепрозария лжи и зла
Я тебя вызвала и взяла

В зори! Из мертвого сна надгробий –
В руки, вот в эти ладони, в обе,

Раковинные – расти, будь тих:
Жемчугом станешь в ладонях сих!

О, не оплатят ни шейх, ни шах
Тайную радость и тайный страх

Раковины ... Никаких красавиц
Спесь, сокровений твоих касаясь,

Так не присвоит тебя, как тот
Раковинный сокровенный свод

Рук неприсваивающих ... Спи!
Тайная радость моей тоски,

Спи! Застилая моря и земли,
Раковиною тебя объемлю:

Справа и слева и лбом и дном –
Раковинный колыбельный дом.

Дням не уступит тебя душа,
Каждую муку туша, глуша,

Сглаживая ... Как ладонью свежей,
Скрытые громы студя и нежа,

Die Muschel

Aus dem Aussatz von Bosheit, Lüge
Nahm ich dich zu des Daseins Frühe!

Aus der Gräber tödlichem Schlafe
In die Arme, in meine Schalen,

Muschelhände – nun wachs! Am Ende
Wirst du zur Perle in diesen Händen!

Niemals vergelten ein Scheich, ein Schah
Ängste geheime, auch Freuden, ja

Einer Muschel ... Hochmütige Damen,
Nach dem Heiligen trachtend dir, kamen

Nie in Besitz, dich ihr eigen zu nennen,
Wie die Besitz nicht erheischenden Hände

Verborgnen Muschelgewölbes ... Schlummre!
Heimliche Freude, heimlicher Kummer,

Schlafe! Ich breite dir Meer und Lande,
Will dich mit Muschelkalk sanft umfangen:

Rechts wie auch links, mit Geduld und Fleiß –
Muschelwiege im Muschelgehäus.

Schlaf, dem Tag gibt nicht her dich mein Herz!
Stillt alle Qualen und dämpft jeden Schmerz,

Glättend ... Wie frische Hände beschirmend,
Kühlend, besänftigend innere Stürme,

Нежа и множа ... О, чай! О, зрей!
Жемчугом выйдешь из бездны сей.

– Выйдешь! По первому слову: будь!
Выстрадавшая раздастся грудь

Раковинная ... О, настежь створы! –
Матери каждая пытка впору,

В меру ... Лишь бы ты, расторгнув плен,
Целое море хлебнул взамен!

31 июля 1923

Kühlend und mehrend ... Hoff! Du wirst sehn!
Von diesem Grund wirst als Perle du gehn.

Wirst nicht gefragt, ob du sein willst: Du mußt!
Auf tut sich dann dir die duldende Brust

Der Muschel. – Weit auf beide Schalen! –
Müttern gemäß sind ja alle Qualen ...

Wenn nur du, dem Gefängnis entronnen,
Kostest dafür ein Meer voller Sonne!

31. Juli 1923

Пражский рыцарь

Бледно – лицый
Страж над плеском века –
Рыцарь, рыцарь,
Стерегуший реку.

(О, найду ль в ней
Мир от губ и рук?!)
Ка – ра – ульный
На мосту разлук.

Клятвы, кольца ...
Да, но камнем в реку –
Нас-то сколько
За четыре века!

В воду пропуск
Вольный. Розам – цвесть!
Бросил – брошусь!
Вот тебе и месть!

Не устанем
Мы – доколе страсть есть!
Мстить мостами.
Широко расправьтесь,

Крылья! – В тину,
В пену – как в парчу!
Мосто – вины
Нынче не плачу!

Prager Ritter

Ritter, blasser,
Zeitenstromes Hüter,
Wachst am Wasser
In des Flusses Mitte.

(Fänd dort Ruh ich
Vor den Lippen, Händen?)
Rette du mich,
Wenn die Wege enden.

Ringe, Eide –
Doch im Fluß begraben.
So viel Leiden
In vierhundert Jahren.

Freifahrt in den Fluß.
Rosen solln blühen!
Gehst du, mach ich Schluß!
Nichts wird verziehen!

Nimmer 'n Rücken
Leidenschaft wird beugen!
Rächt uns, Brücken!
Flügel sind gebreitet!

Schlick, Schlamm und Schaum
Drunten – wie brokaten!
Brückenzoll? Kaum!
Hopp! Der Flug ist gratis!

– „С рокового мосту
Вниз – отважься!“
Я тебе по росту,
Рыцарь пражский.

Сласть ли, грусть ли
В ней – тебе видней,
Рыцарь, стерегувший
Реку – дней.

27 сентября 1923

„Wehe, du stürzt dich –
Daß du es wagst!“
Bin ebenbürtig
Dir, Ritter Prags.

Ob süß, ob bitter
Sich’s ruhen mag?
Du weißt es, Ritter,
Wachst Tag um Tag.

27. September 1923

Поезд

Не штык – так клык, так сугроб, так шквал. –
В Бессмертье что час – то поезд!
Пришла и знала одно: вокзал.
Раскладываться не стоит.

На всех, на всё – равнодушьем глаз,
Которым конец – исконность.
О, как естественно в третий класс
Из душности дамских комнат!

Где от котлет разогретых, щек
Остывших ... – Нельзя ли дальше,
Душа? Хотя бы в фонарный сток –
От этой фатальной фальши:

Папильоток, пеленок,
Щипцов каленых,
Чепцов, клеенок.
О – де – ко – ло – нов
Семейных, швейных
Счастий (kleinwenig!)
Взят ли кофейник?..
Сушек, подушек, матрон, нянь,
Душности бонн, бань.

Не хочу в этом коробе женских тел
Ждать смертного часа!
Я хочу, чтобы поезд и пил и пел:
Смерть – тоже вне класса!

В удаль, в одурь, в гармошку, в надсад, в тщету!
– Эти нехристи и льнут же! –

Eisenbahnzug

Bajonette nicht – Hauer! Schneewehn, Gebraus.
Zur Unsterblichkeit: Stündlich ein Zug!
Kam zurück, wußt nur: Bahnhof, gleich wieder raus.
Auspacken – lohnt nicht, warum.

Und auf alle und alles – Gleichmut im Blick,
Für den Ende: Urzeiten-Gesetz war.
Wie von selbst in die dritte Klasse entrückt
Aus der Stickluft der Boudoirs!

Von gewärmten Bouletten, vom Faltenhals –
Seele, wo atmest du frei?
Doch im Gaslicht der Gosse noch lieber als
In der tödlichen Heuchelei:

> Lockenwickel, Hosenzwickel,
> Kinderwindeln, Kleiderbündel.
> Wachstuchdecke, Brennscherschreck:
> Haar versengt! Kanne weg!
> Näherfolge, Mutterfreuden
> (Zwar bescheiden!),
> Kölnisch Wasser, grüne Bohnen,
> Kissen, Kinderfraun, Makronen,
> Muff von Bädern und Matronen.

Nimmermehr in den Weibskörperkorb gepackt
Meiner Todesstund harren will ich!
Heda – Eisenbahnzug! Sauf und sing im Takt:
Sterben ist klassenlos, billig!

Daß es forsch und beschwipst zum Akkordeon gellt!
„Diese Gottlosen, schmeicheln und lästern!"

Чтоб какой-нибудь странник: „*На тем свету ...*“
Не дождавшись, скажу: лучше! ...

Площадка. – И шпалы. – И крайний куст
В руке. – Отпускаю. – Поздно
Держаться. – Шпалы. – От стольких уст
Устала. – Гляжу на звезды.

Так через радугу всех планет
Пропавших – считал-то кто их? –
Гляжу и вижу одно: конец.
Раскаиваться не стоит.

6 октября 1923

Spricht dann irgendein Pilger von „*jäner Welt*“,
Geb ich ihm recht: Die ist besser!

Plattform. – Und Schwellen. – Am letzten Ast
Halt noch. Zu spät – ich laß los.
Müde. Der Schwellen. – Der Lippen. Laßt
Ab nun! – Der Himmel, wie groß ...

Reigen erloschner Planeten rings –
Zählt' sie wer? – leuchtet mir stumm.
Schaue und seh nur: Zu Ende ging's.
Reue – sie lohnt nicht, warum.

6. Oktober 1923

Попытка ревности

Как живется вам с другою,
Проще ведь? – Удар весла! –
Линией береговою
Скоро ль память отошла

Обо мне, плавучем острове
(По небу – не по водам!)
Души, души! – быть вам сестрами,
Не любовницами – вам!

Как живется вам с *простою*
Женщиною? *Без* божеств?
Государыню с престола
Свергши (с одного сошед),

Как живется вам – хлопочется –
Ежится? Встается – как?
С пошлиной бессмертной пошлости
Как справляетесь, бедняк?

„Судорог да перебоев –
Хватит! Дом себе найму“.
Как живется вам с любою –
Избранному моему!

Свойственнее и съедобнее –
Снедь? Приестся – не пеняй ...
Как живется вам с подобием –
Вам, поправшему Синай!

Как живется вам с чужою,
Здешнею? Ребром – люба?

Versuch, eifersüchtig zu sein

Wie lebt sich's denn mit der Fessel,
Bequemer? – Ein Ruderschlag! –
Mit der Uferlinie indessen
Ließ rasch die Erinnerung nach

An die schwimmende Insel – mich?
(Am Himmel – nicht auf Gewässern!)
Ach, Seelchen! Geliebte doch nicht
Könnt ihr ihm sein – nur Schwestern!

Wie lebt sich's denn so *ganz ohne*
Finesse und Göttlichkeit? – Klagt,
Wer die Herrin gestürzt vom Throne
(Und dem dabei selbst hat entsagt)?

Wie geht es, wie steht's, gibt's Beschwerden?
Kein Schauder? Wie fühlt man sich früh?
Sie Ärmster, ach, drückt der Zoll sehr denn
Unsterblicher Monotonie?

„Mein Herz! Und die Krämpfe! Der Magen!
Ich miet mir ein Haus, höchste Zeit!"
Wie kann mein Erwählter ertragen
Solch platteste Durchschnittlichkeit!

Nicht zu eigen die Kost, will sie munden?
Nicht jammern, man wird's überstehn ...
Der den Sinai hat überwunden,
Wie wird's ihm bei solchen ergehn?

Nun, wie lebt es sich – schlechthin banal wohl
Mit der Fremden von hier, die man nahm?

Стыд Зевесовой вожжою
Не охлестывает лба?

Как живется вам – здоровится –
Можется? Поется – как?
С язвою бессмертной совести
Как справляетесь, бедняк?

Как живется вам с товаром
Рыночным? Оброк – крутой?
После мраморов Каррары
Как живется вам с трухой

Гипсовой? (Из глыбы высечен
Бог – и начисто разбит!)
Как живется вам с сто-тысячной –
Вам, познавшему Лилит!

Рыночною новизною
Сыты вы? К волжбам остыв,
Как живется вам с земною
Женщиною, без шестых

Чувств?
                Ну, за голову: счастливы?
Нет? В провале без глубин –
Как живется, милый? Тяжче ли?
Так же ли, как мне с другим?

19 ноября 1924

Brannte Zeus denn nicht längst ein Fanal schon
Auf die treulose Stirne – die Scham?

Wie lebt es sich, wie ist das werte
Befinden? Und singt man noch?
Sie Ärmster, die ewige Schwäre
Gewissen – die schmerzt Sie doch?

Wie lebt sich's denn so mit der Ware
Vom Markt? Ist der Grundzins hoch?
Nach Marmor, poliert, von Carrara –
Wie leben Sie mit dem Bruch

Aus Gips? (Aus dem Block gehauen
Der Gott – und in tausend Splitter!),
Mit einer von Hunderttausend –
Nachdem erkannte Lilith er!

Hat die Neuheit vom Markte man satt?
Wer für Zauber erblindet, ertaubt,
Wie bekommt ihm die Frau, die er hat –
Mit fünf Sinnen, des sechsten beraubt

Der Sinne?
Sind Sie glücklich nun? Ehrlich!
Tief unten und doch so flach ...
Wie geht's, tun Sie auch so schwer sich
Wie ich mit dem andern mich? – Ach ...

19. November 1924

Сон

1

Врылась, забылась – и вот как с тысяче-
футовой лесницы без перил.
С хищностью следователя и сыщика
Все́ мои тайны – сон перерыл.

Сопки – казалось бы, прочно замерли –
Не доверяйте смертям страстей!
Зорко – как следователь по камере
Сердца – расхаживает Морфей.

Вы! Собирательное убожество!
Не обрывающиеся с крыш!
Знали бы, как, на перинах лёжачи,
Преображаешься и паришь!

Рухаешь! Как скорлупою треснувшей
Одр с его грузом мужей и жен.
Зорко – как летчик над вражьей местностью
Спящею – над душою сон.

Тело, что все свои двери заперло –
Тщетно! – Уж ядра поют вдоль жил.
С точностью сбирра и оператора
Все́ мои раны – сон перерыл!

Вскрыта! Ни щелки в райке, под куполом,
Где бы укрыться от вещих глаз
Собственных. Духовником подкупленным
Все мои тайны – сон перетряс!

Der Traum

1

Vergrub und verlor mich – und steige schwankend
Tausend Fuß abwärts, geländerlos.
Fahndern gleich, Schnüfflern in fremden Gedanken
Legt mir ein Traum mein Geheimstes bloß.

Vulkane scheinen verstummt für immer –
Traut nicht den Toden der Leidenschaft!
Scharfäugig blickt in des Herzens Flimmern
Morpheus auf ruhloser Wanderschaft.

Krämer, ihr! Die nur zu horten wissen!
Fallt von den Dächern ja niemals, klebt!
Ahntet ihr, wie man in weichen Kissen
Frei sich verwandelnd und lösend, schwebt!

Umstürzt: Wie krachend berstende Schale
Betten samt Paaren, Männern und Fraun.
Wachsam – Pilot überm Feindeslande –
Über die Seele hin fliegt der Traum.

Körper, er sperrt alle Türen und Schwellen –
Nutzlos! Schon Ionen die Adern durchsirren.
Peinlich wie Schergen, präzis wie Skalpelle
Sichtet der Traum meine Wunden und Wirren!

Nackt! Und kein Spalt, nicht im Innersten, Heiligsten,
Um dem allwissenden Blick zu entgehn
Meines Ichs. Als bestochener Beichtiger
Mußte der Traum mein Geheimstes erspähn!

2

В мозгу ухаб пролёжан –
Три века до весны!
В постель иду, как в ложу:
Затем, чтоб видеть сны:

Сновидеть: рай Давидов
Зреть и Ахиллов шлем
Священный, стен не видеть!
В постель иду – затем.

Разведены с Мартыном
Задекою – не все!
Не доверяй перинам:
С сугробами в родстве!

Занежат, – лести женской
Пух, рук и ног захват.
Как женщина младенца
Трехдневнего – заспят.

Спать! Потолок, как короб,
Спять! Синевой запить!
В постель иду, – как в прорубь:
Вас – не себя топить!

Заокеанских тропик
Прель, Индостана – ил ...
В постель иду – как в пропасть:
Перины – без перил!

24 ноября 1924

2

Schlagloch im Hirn: ein Krater –
Das Frühjahr ewig fern!
Ins Bett wie ins Theater:
Denn Träume säh ich gern:

Von Davids Paradeise
Und von Achilles' Schwert,
Dem heil'gen. – Wände weichen:
Drum ist mein Bett mir wert.

Martyn Sadekas Wissen
Gilt manchem noch im Land!
Trau keinem Federkissen:
Mit Schneewehn ist's verwandt.

Mit weichen Schmeicheldaunen
Engt es die Glieder strikt,
Wie manche Frau im Schlaf schon
Ihr Jüngstes hat erdrückt.

Schlafen! Des Zimmers Enge
Macht irr! Nach Blau ich gier!
Ins Bett – wie in mein Eisloch:
Doch wer ertrinkt, seid ihr!

Ich träum von Tropenschwüle,
Vom Schlamm im Land Tagores ...
Sink in die Federpfühle
Ganz tief – geländerlos!

24. November 1924

Б. Пастернаку

Рас – стояние: версты, мили ...
Нас рас – ставили, рас – садили,
Чтобы тихо себя вели,
По двум разным концам земли.

Рас – стояние: версты, дали ...
Нас расклеили, распаяли,
В две руки развели, распяв,
И не знали, что это – сплав

Вдохновений и сухожилий ...
Не расс’орили – рассо’рили,
Расслоили ...
        Стена да ров.
Расседили нас, как орлов –

Заговорщиков: версты, дали ...
Не расстроили – растеряли.
По трущобам земных широт
Рассовали нас, как сирот.

Который уж – ну который – март?!
Разбили нас – как колоду карт!

24 марта 1925

Für B. Pasternak

Ach, Ent-fernung: die Meilen, Werste ...
Sind ent-rissen ein-ander, ins fernste
Auseinander der Welt gestellt,
Damit jeder dort stille hält.

Ach, Ent-fernung: die Werste, Weiten ...
Sind entfugt und entleimt, erleiden
Uns am Kreuz, sind entpaart, gespreizt –
Wußten sie, daß das Einssein heißt

Von Geäder und Inspiration?
Nicht entzweit sind wir – nur verlorn,
Nur getrennt ...
Sind nun Graben, Wand,
Wie zwei Adler sind wir verbannt –

Wie Verschwörer: ach, Werste, Weiten ...
Nicht Zerstrittene – nur Verstreute.
In entfernteste, öde Kreise
Sind verstoßen wir wie zwei Waisen.

Wie viel Märze schon, wie viel harte?!
Sind geworfen wir – wie 's Spiel Karten!

24. März 1925

Тише, хвала!
Дверью не хлопать,
Слава!
            Стола
Угол – и локоть.

Сутолочь, стоп!
Сердце, уймись!
Локоть – и лоб.
Локоть – и мысль.

Юность – любить,
Старость – погреться:
Некогда – *быть*,
Некуда деться.

Хоть бы закут –
Только без прочих!
Краны – текут,
Стулья – грохочут,

Рты говорят:
Кашей во рту
Благодарят
„За красоту.“

Знали бы вы,
Ближний и дальний,
Как головы
Собственной жаль мне –

Бога в орде!
Степь – каземат –

Still jetzt, Applaus!
Knall nicht mit Türen,
Ruhm!
          Stützen aufs
Tischende – müde.

Drängen ist Irrn.
Herz, laß das Hämmern!
Ellbogen – Stirn.
Stützen – und Denken.

Jugend ist Lieben,
Altern ist Wärmen:
Wann ist denn ist *Sein*,
Wo wird geblieben?

Wär's auch ein Loch –
Hätt ich's für mich!
Tropfender Hahn,
Knarrender Tisch.

Münder voll Brei
Reden und mampfen:
„Danke, war fein!"
Grütznäpfe dampfen.

Wüßtet ihr doch,
Fremde und Traute:
Wie 'n eignen Kopf
Ich ihn bedaure –

Gott in der Horde!
Steppe – Verlies –,

Рай – это где
Не говорят!

Юбочник – скот –
Лавочник – частность!
Богом мне – тот
Будет, кто даст мне

– Не времени!
Дни сочтены! –
Для тишины –
Четыре стены.

26 января 1926
Париж

Nur wo man *schweigt*,
Ist's Paradies!

Wüstlinge – viehisch.
Krämer – beschränkt!
Gott ist, beschließ ich,
Wer mir dies schenkt:

Zeit nicht! – Die Tage
Sind ja gezählt! –
Stille er spende:
Schenk mir vier Wände.

26. Januar 1926
Paris

Выстрел – в самую душу,
Как только что по врагам.
Богоборцем разрушен
Сегодня последний храм.

Еще раз не-осекся,
И, в точку попав – усоп.
Было стало-быть сердце,
Коль выстрелу следом – стоп.

(Зарубежье, встречаясь:
„Ну, казус! Каков фугас!
Значит – тоже сердца есть?
И с той же, что у нас!“)

Выстрел – в самую точку,
Как в ярмарочную цель.
(Часто – левую мочку
Отбривши – с женой в постель.)

Молодец! Не прошибся!
А женщины ради – что ж!
И Елену паршивкой
– Подумавши – назовешь.

Лишь одним, зато знатно,
Нас лефовец удивил:
Только вправо и знавший
Палить-то, а тут – слевил.

Кабы в правую – свёрк бы
Ланцетик – и здрав ваш шеф.

Schuß – mitten in die Seele,
Wie auf den Feind zuletzt.
Vom Gottlosen zerschmettert
Der letzte Tempel jetzt.

Noch einmal nicht gezittert,
Ins Ziel – entseelt und Schluß.
Da *war* ein Herz, ganz sicher,
Wenn's stillstand nach dem Schuß.

(Ausländer, unter sich, rätseln:
„Welch Drama! So brutal!
So haben die auch Herzen?
Und linksseits, ganz normal?")

Schuß – in die schwarze Mitte,
Wie Budenfigurn am Brett.
(Oft wegrasiert die Lippe
Fast – und zur Frau ins Bett.)

Bravo! Kein Deut daneben!
Ein Weib im Spiel? Na und!
Selbst Helena, drum eben,
Nennst Schlampe du zur Stund.

Mit einem, doch gehörig
Der LEF-Mann irritiert:
Der sonst auf Links schoß schwerlich,
Hat links sich füsiliert.

Wär's rechts – Skalpell! Na bitte –
Kuriert – und seid bedankt.

Выстрел в *левую* створку:
Ну в самый-те Центропев!

Август 1930
Савойя

Doch *links* getroffen: mitten
In den Zentral-Gesang!

August 1930
Savoyen

Ода пешему ходу

1

В век сплошных скоропадских,
Роковых скоростей –
Слава стойкому братству
Пешехожих ступней!

Всéутёсно, всéрощно,
Прямиком, без дорог,
Обивающих мощно
Лишь природы – порог

Дерзко попранный веком.
(В век турбин и динам
Только жить, что калекам!)
... Но и мстящей же вам

Зря рекламные клейма
На вскормившую грудь.
– Нет, безногое племя,
Даль – ногами добудь!

Слава толстым подметкам,
Сапогам на гвоздях,
Ходокам, скороходкам, –
Божествам в сапогах!

Если есть в мире - ода
Богу сил, богу гор –
Это взгляд пешехода
На застрявший мотор.

Ode an das Gehen

1

Mördrischen Tempos Jahrhundert,
Säume, halt ein, finde Muß':
Hör diesen Vers, er bewundert
Wackre, die gehen zu Fuß!

Durch jeden Wald, über Felsen,
Quer übers Feld, geradeaus:
Machtvoll reizen die Grenzen –
Doch der Natur nur – sie aus,

Die so verletzt von Verwegnen.
(Zeit der Dynamos, Turbinen,
Wo uns nur Krüppel begegnen!)
... Doch die sich rächt auch an ihnen

Fürs Schandmal all der Reklame
Auf die sie nährenden Brüst'.
„Nein, ihr beinlos Infamen,
Ferne – erlaufen ihr müßt!"

Ruhm den genagelten Stiefeln,
Sohlen, die dick sind, stabil,
Fußgängern, wo sie auch liefen:
Göttern in Schuhen, gleichviel!

Gäb's auf der Welt eine Hymne,
Preisend die Götter der Kraft,
Wärn es des Fußgängers Blicke
Auf den Motor, der 's nicht schafft.

Сей ухмыл в пол-аршина,
Просто – шире лица:
Пешехода на шину
Взгляд – что лопается!

Поглядите на чванством
Распираемый торс!
Паразиты пространства,
Алкоголики верст –

Что сквозь пыльную тучу
Рукоплещущих толп
Расшибаются.
– Случай?
– Дури собственной столб.

3

Дармоедством пресытясь,
С шины – спешится внук.
Пешеходы! Держитесь –
Ног, как праотцы – рук.

Где предел для резины –
Там простор для ноги.
Не хватает бензину?
Вздоху – хватит в груди!

Как поток жаждет прага,
Так восторг жаждет – трат.
Ничему, кроме шага,
Не учите ребят!

Grinsen mit tiefstem Behagen,
Breiter noch als das Gesicht:
Fußgängers Blick auf den Schaden,
Fragend: Wie – freut es euch nicht?

Seht die von Hochmut Verzerrten,
Wie sie aufs Rasen vertraun –
Die Parasiten der Werste,
Süchtig nach Tempo und Raum –

Staubwolken hinter sich lassend,
Bis unterm Beifall der Massen
Sie fahrn zu Bruch.
„Was passiert?"
„Den hat die Dummheit verführt."

3

Müd zu schmarotzen, der Enkel
Springt endlich ab und steigt aus.
Fußgänger! Traut eurem Schenkel
Wie einst der Vorfahr der Faust.

Trifft schneller Reifen auf Grenzen –
Ist weiter Raum für den Fuß.
Geht das Benzin schon zu Ende?
Atem – hat reichlich die Brust!

So wie der Strom braucht Behindrung,
Braucht die Begeistrung Verlust.
Ihr, die ihr lehrt unsre Kinder!
Macht ihnen 's Laufen bewußt!

По ручьям, по моренам,
Дальше – нет! Дальше – стой!
Чтобы Альпы – коленом
Знал, саванны – ступней.

Я костьми, други, лягу –
За *раскрытие* школ!
Чтоб от первого шага
До последнего – шел

Внук мой! отпрыск мой! мускул,
Посрамивший Аид!
Чтобы в царстве моллюсков –
На своих на двоих!

26 августа 1931 – 30 марта 1933
Медон

Fahrt über Hügel und Flüsse –
Halt hier! Ihr müßt sie bewahrn:
Daß sie Savannen mit Füßen,
Alpen mit Knien erfahrn.

Freunde, ich gäbe mein Leben –
Öffnet die Schulhäuser *weit*!
Könnt ich den Enkel bewegen,
Selber zu laufen – er streit

Sich dafür! spann die Muskeln,
Sich von dem Alp zu befrein:
Daß er im Reich der Mollusken –
Lauf auf den eigenen zwei'n!

26. August 1931 – 30. März 1933
Meudon

Дом

Из-под нахмуренных бровей
Дом – будто юности моей
День, будто молодость моя
Меня встречает: – Здравствуй, я!

Так самочувственно-знаком
Лоб, прячущийся под плащом
Плюща, срастающийся с ним,
Смущающийся быть большим.

Недаром я – грузи! вези! –
В непросыхающей грязи
Мне предоставленных трущоб
Фронтоном чувствовала лоб.
Аполлонический подъем
Музейного фронтона – лбом

Своим. От улицы вдали
Я за стихами кончу дни –
Как за ветвями бузины.

Глаза – без всякого тепла:
То зелень старого стекла,
Сто лет глядящегося в сад,
Пустующий – сто пятьдесят.

Стекла, дремучего, как сон,
Окна, единственный закон
Которого: гостей не ждать,
Прохожего не отражать.

Das Haus

Wie’s drein blickt unter finstern Brau’n,
Das Haus – in meine Jugend schau
Ich neu, wie in der Jugend eh
Begrüßt es mich: Da bin ich, he!

Die Stirn, so selbstbewußt-bekannt,
Verbirgt sich unter dem Gewand
Von Efeu, der sie hüllte ein
Und sich geniert, so groß zu sein.

Kein Wunder, daß – lad auf! fahr weg! –
Im ewig feuchten, klammen Dreck
Der Löcher, die mir zuerkannt,
Als Giebel ich die Stirn empfand.
Der museale, apollin
Gezogne Schwung des Giebels schien

Mir meine Stirn. Fern von der Straß
Schrieb meine Verse ich – vergaß
Wie in Holunderzweigen mich und las.

Die Augen – jeder Wärme bar:
Das Grün der alten Scheiben sah
Zum Garten hin schon hundert Jahr,
Der hundertfünfzig öd schon war.

Der Scheiben, träumend in dem Eck
Des Fensters, dessen einz’ge Zweck-
bestimmung: Wart auf keinen Gast,
Passanten zeig dich stumpf und blaß.

Не сдавшиеся злобе дня
Глаза, оставшиеся – да! –
Зерцалами самих себя.

Из-под нахмуренных бровей –
О, зелень юности моей!
Та – риз моих, та – бус моих,
Та – глаз моих, та – слез моих ...

Меж обступающих громад –
Дом – пережиток, дом – магнат,
Скрывающийся среди лип.
Девический дагерротип
Души моей ...

6 сентября 1931
Медон

Nie haben Klatsch und Tratsch willfahrn
Die Augen – ja! –, die mit den Jahrn
Nur Spiegel ihrer selbst noch warn.

Wie's dreinschaut unter finstern Brau'n –
Oh, meiner Jugend grüner Traum!
Die Brau'– der Kleider, *die* – der Perlen,
Die – meiner Augen, *die* – der Tränen ...

Kolosse machen ringsum Staat –
Mein Haus – von gestern, ein Magnat,
Duckt zwischen Linden scheu sich, still.
Daguerreotyp-Jungmädchenbild
Von meiner Seele ...

6. September 1931
Meudon

– Не нужен твой стих –
Как бабушкин сон.
– А мы для *иных*
Сновидим времен.

– Докучен твой стих –
Как дедушкин вздох.
– А мы для *иных*
Дозорим эпох.

– В пять лет – целый свет –
Вот сон наш каков!
– Ваш – нá пять лишь лет,
Мой – нá пять веков.

– Иди, куда дни!
– Дни *мимо* идут ...

А быть или нет
Стихам на Руси –
Потоки спроси,
Потомки спроси.

14 сентября 1931

„Dein Vers wird gebraucht
Wie Großmutters Traum."
„Für *manche* er taucht
In Zeit ein und Raum."

„Dein Vers interessiert
Wie Großvaters Sorgen."
„Für *manche* er führt
Schon heute ins Morgen."

„Unser Traum wird wahr –
Wirst sehn – in fünf Jahrn."
„Fünf Jahr träumt ihr weit,
Ich – in die Ewigkeit."

„Geh dem Tag gleich, geh weit!"
„An euch *vorbei* wie die Zeit ..."

Wird in Rußland Gedichte
Man verschmähn – oder missen?
Frag nach bei den Flüssen.
Die Nachfahrn es wissen.

14. September 1931

Стихи к сыну

1

Ни к городу и не к селу –
Езжай, мой сын, в свою страну, –
В край – всем краям наоборот!
Куда *назад* идти – *вперед*
Идти, – особенно – тебе,
Руси не видывавшее

Дитя мое ... Мое? *Ее* –
Дитя! То самое былье,
Которым порастает быль.
Землицу, стершуюся в пыль, –
Ужель ребенку в колыбель
Нести в трясущихся горстях:
„Русь – этот прах, чти – этот прах!“

От неиспытанных утрат –
Иди – куда глаза глядят!
Всех стран – глаза, со всей земли –
Глаза, – и синие твои
Глаза, в которые гляжусь:
В глаза, глядящие на Русь.

Да не поклонимся словам!
Русь – прадедам, Россия – нам,
Вам – просветители пещер –
Призывное: СССР, –
Не менее во тьме небес
Призывное, чем: SOS.

Strophen an meinen Sohn

1

Der Stadt, dem Dorf nicht zu,
Mein Junge – nein, zieh du
In deins, ins Gegen-Land
Zu allen! Dahin, wo *Zurück*
Ist *Vorwärts* – dir, der du kein Stück
Der alten Rusj gekannt,

Mein Sohn, gehörst du mir?
Du bist das Gras – und *ihrs*! –,
Das überm Gestern sprießt.
Kann Staub man denn, zerriebne Erd,
Zur Wiege tragen, daß ihn ehr
Der Säugling, achte seinen Wert:
„Da – Rusj ist's, was du siehst!"

Verlusten unerlebt
Entgeh, wohin 's dich trägt!
Wohin dein Auge blickt –
Und die der Welt! –, so blau,
Ich seh mich drin, es schaut
Zur alten Rusj zurück.

Wer ehrt schon Namen! Rusj
Gehört den Ahnen, uns
Noch Rußland; euch – ihr bringt
In Höhlen Licht – euch dringt
SSSR! nun in die Ohrn –
Wie: SOS! – im All verlorn.

Нас родина не позовет!
Езжай, мой сын, домой – вперед –
В *свой* край, в *свой* век, в *свой* час, – от нас –
В Россию – вас, в Россию – масс,
В наш-час – страну! В сей-час – страну!
В на-Марс – страну! В без-нас – страну!

2

Наша совесть – не ваша совесть!
Полно! – Вольно! – О всем забыв,
Дети, сами пишите повесть
Дней своих и страстей своих.

Соляное семейство Лота –
Вот семейственный ваш альбом!
Дети! Сами сводите счеты
С выдаваемым за Содом –

Градом. С братом своим не дравшись –
Дело чисто твое, кудряш!
Ваш край, *ваш* век, *ваш* день, *ваш* час,
Наш грех, *наш* крест, *наш* спор, *наш* –

Гнев. В сиротские пелеринки
Облаченные отродясь –
Перестаньте справлять поминки
По Эдему, в котором вас

Uns ruft die Heimat nicht!
Zieh heim, Sohn, geh, erficht
Dir *Dein* Land, *deine* Zeit – geh fort –
Ins *Unsre*-Zeit-Land! Ins Rußland der Massen,
Ins *Jetzt*-Zeit-Land! Geh, Rußland zu fassen,
Das Marswärts-Land! Den Ohne-uns-Hort!

2

Unser Gewissen – nicht euer!
Schluß jetzt! – und Rührt euch! – Doch schreibt
Selbst die Geschichte vom Feuer,
Das euch verzehrt, das euch treibt.

Lot, dem das Weib ward zur Säule –
Dies euer Stammbaum von einst!
Brecht jetzt mit Sodom, der Fäule,
Kinder – sie steht dafür, scheint's,

Diese Stadt. Gegen Kains Tat gefeit
Warst du, Sohn, deine Sache ist rein!
Euer Land, *euer* Tag, *eure* Zeit,
Unsre Sünd', *unser* Kreuz, *unser* Streit,

Unser Zorn. Denn Waisenumhänge
Warn von Geburt euer Kleid.
Singt nicht die Trauergesänge
Um Eden, als tät euch leid,

Не было! по плодам – и видом
Не видали! Поймите: слеп –
Вас ведущий на панихиду
По народу, который хлеб

Ест и вам его даст, – как скоро
Из Мёдона – да на Кубань.
Наша ссора – не ваша ссора!
Дети! Сами творите брань

Дней своих.

3

Не быть тебе нулем
Из молодых – да вредным!
Ни медным королем,
Ни по́просту – спортсмедным

Лбом, ни слепцом путей,
Коптителем кают,
Ни парой челюстей,
Которые жуют,

В *сём* полагая цель.
Ибо - в любую щель –
Я с моим ветром буйным!
Не быть тебе буржуем.

Ни галлским петухом,
Хвост заложившим в банке,
Ни томным женихом
Седой американки, -

Was *nie* ihr gesehn! Geboten
Hat es euch Frucht nie. Bedenkt:
Blind für das Volk, das vom Brote
Lebt und euch nährt, ist, der lenkt

Euch zu beweinen es – heuer
Von Meudon auf, auf! zum Kuban.
Unser Konflikt ist nicht eurer!
Kinder! Den Kampf, nehmt ihn an,

Den eurer Zeit.

3

Werd keine Null mir du,
In jungen Jahren – schäbig! –,
Kein Geldprotz, fett, behäbig,
Noch Straßenblinder – puh!

Kein Muskelprotz, kein Geck,
Der in Kajüten qualmt,
Kein Kieferpaar, das malmt
Zu keinem andern Zweck

Als dem zu kauen. Ich
Komm dir auf jede Schlich –
Bin wie der Sturmwind da!
Werd ja kein Bourgeois.

Werd auch kein gallischer Hahn,
Gerupft für Hypotheken,
Kein schmachtender Galan
'ner dollarschwer'n Scharteke –

Нет, ни одним из тех,
Дописенных, как лист,
Которым – только смех
Остался, только свист

Достался от отцов!
С *той* стороны весов
Я – с черноземным грузом!
Не быть тебе французом.

Но также- ни одним
Из нас, досадных внукам!
Кем будешь – бог один ...
Не будешь кем – порукой –

Я, что в тебя – всю Русь
Вкачала – как насосом!
Бог видит – побожусь! –
Не будешь ты отбросом

Страны своей.

22 января 1932

Nein, werd mir nicht wie die –
Holz, ausgeritzt von Kerben.
Nur Pfiffe ernten sie,
Nur Hohngelächter erben

Der Väter sie – nicht mehr.
Dagegen auf die Waage
Leg Schwarze Erde schwer
Ich auf! Werd nicht zur Plage

Wie wir den Enkeln! Wer
Du wirst – mag Gott entscheiden ...
Und wirst du nichts – ich schwör:
Ich hab die Rusj beizeiten

In dich hineingepumpt!
Du wirst – Gott sei mein Zeuge! –
Nie, nimmermehr ein Lump,
Auswurf, verlorn, verleugnet

Von seinem Land.

22. Januar 1932

Стол

1

Мой письменный верный стол!
Спасибо за то, что шел
Со мною по всем путям.
Меня охранял – как шрам.

Мой письменный вьючный мул!
Спасибо, что ног не гнул
Под ношей, поклажу грез –
Спасибо – что нес и нес.

Строжайшее из зерцал!
Спасибо за то, что стал
(Соблазнам мирским порог)
Всем радостям поперек,

Всем низостям – наотрез!
Дубовный противовес
Льву ненависти, слону
Обиды – всему, всему.

Мой за́живо смертный тёс!
Спасибо, что рос и рос
Со мною, по мере дел
Настольных – большал, ширел,

Так ширился, до широт –
Таких, что, раскрывши рот,
Схватясь за столовый кант ...
– Меня заливал, как штранд!

Der Tisch

1

Mein Schreibtisch, getreues Holz!
Hab Dank, daß du immer wolltst
Bei mir sein, auch wenn ich darbte,
Beschützend – wie eine Narbe.

Mein Schreibtisch, mein Lasttier, Dank!
Warst stark und hast nie gewankt,
Mit Lasten und Traum beladen –
Danke – hast alles getragen.

Dank, strengster Spiegel des Lands,
Daß allem du widerstandst:
Verführungen dieser Erd,
Vergnügungen hast du gewehrt,

Gemeinheiten, falschem Bericht!
Warst eichenes Gegengewicht
Dem Löwen des Hasses, Stier
Der Kränkung – ob dort, ob hier.

Mein lebend gefälltes Brett!
Du wuchsest mit mir, als hätt
Genährt dich die Mühseligkeit
Meiner Arbeit – wurdst groß und breit,

So wuchsest du Stund um Stund,
Und als mit offenem Mund
Ich mal nach der Tischkante griff –
Bekam ich ’nen Schwapp wie vom Riff!

К себе пригвоздив чуть свет –
Спасибо за то, что – вслед
Срывался! На всех путях
Меня настигал, как шах –

Беглянку.
                    – Назад, на стул!
Спасибо за то, что блюл
И гнул. У невечных благ
Меня отбивал – как маг –

Сомнамбулу.
                    Битв рубцы,
Стол, выстроивший в столбцы
Горящие: жил багрец!
Деяний моих столбец!

Столп столпника, уст затвор –
Ты был мне престол, простор –
Тем был мне, что морю толп
Еврейских – горящий столп!

Так будь же благословен –
Лбом, ло́ктем, узлом колен
Испытанный, – как пила
В грудь въевшийся – край стола!

Июль 1933

Ganz früh schon ans Eigne gebannt –
Hab Dank, daß du zu mir standst!
Lief weit ich auch von dir gleich,
Verfolgtest du mich wie ein Scheich

Die Sklavin.
„Zum Stuhl zurück!"
Hab Dank, hast mich unverrückt
Vor Genuß bewahrt: Selbstbetrug,
So wie Magier leiten klug

Den Schlafwandler.
Kampfesnarben,
Tisch, eingebrannt dir in Farben
Des Purpurs: der Adern Blut!
Zeugnis von dem, was ich tu!

Des Heiligen Säule und
Ein Thron – und mein Schloß am Mund
Warst du – warst, was den Juden
Die Feuersäul' in den Fluten!

So sei mir gelobt – warst von Stirn,
Ellbogen, verknäuelten Knien
Geprüft –, deine Kante hat mitten
Mich in die Brust auch geschnitten!

Juli 1933

3

Тридцатая годовщина
Союза – держись, злецы!
Я знаю твои морщины,
Изъяны, рубцы, зубцы –

Малейшую из зазубрин!
(*Зубами* – коль стих не шел!)
Да, был человек возлюблен!
И сей человек был – стол

Сосновый. Не мне на всхолмье
Березу берег карéл!
Порой еще с слезкой смольной,
Но вдруг – через ночь – старел,

Разумнел – так школьник дерзость
Сдает под мужской нажим.
Сажусь – еле доску держит,
Побьюсь – точно век дружим!

Ты – стоя, в упор, я спину
Согнувши – пиши! пиши! –
Которую десятину
Вспахали, версту – прошли,

Покрыли: письмом – красивей
Не сыщешь в державе всей!
Не меньше, чем пол-России
Покрыто рукою сей!

Сосновый, дубовый, в лаке
Грошовом, с кольцом в ноздрях,

3

Hast dreißig Jahr ausgehalten
Mit mir – nimm in Acht dich, Welt!
Ich kenn deine Risse, Falten
Und Narben all, ungezählt –,

Kenn deine winzigste Scharte!
(Vom *Zahn*, wenn der Vers nicht ging!)
Wie wurd er geliebt, der harte!
Kein Mensch – aber nicht gering:

Ein Kiefernholztisch. Nicht Birke
Kareliens beschenkte mich reich!
Zwar Harztränen gab's, verirrte,
Doch dann – über Nacht – gereift,

Wurd klug er – wie Schüler entwöhnte
Der Streiche die harte Hand.
Ich saß auf – und die Platte stöhnte,
Stieß mich blutig – das Freundschaftsband

War geknüpft! Du – gestemmt die Beine,
Ich – den Rücken gekrümmt: Nun dicht'!
Wie viel Äcker pflügten wir beide,
Wie viel Meilen durchliefen wir nicht

Mit Versen – und keine schönren
Findst hier du im ganzen Land!
Halb Rußland, gewiß nicht wen'ger,
Liest Verse von dieser Hand!

Aus Kiefer, aus Eiche, schäbig,
Lackiert, in der Nas ein Ring,

Садовый, столовый – всякий,
Лишь бы не на трех ногах!

Как трех Самозванцев в браке
Признавшая тезка – *тот*!
Бильярдный, базарный – всякий –
Лишь бы не сдавал высот

Заветных. Когда ж подастся
Железный – под локтевым
Напором, столов – богатство!
Вот пень: не обнять двоим!

А паперть? А край колодца?
А старой могилы – пласт?
Лишь только б мои два локтя
Всегда утверждали: – *Даст*

Бог! *Есть* бог! Поэт – устройчив:
Всё – стол ему, всё – престол!
Но лучше всего, всех стойче –
Ты, – мой наколенный стол!

Около 15 июля 1933 – 29/30 октября 1935

4

Обидел и обошел?
Спасибо за то, что – стол
Дал, стойкий, врагам на страх –
Стол – на четырех ногах

Ein Gartentisch, Eßtisch – jeden,
Nur nicht auf drei Beinen ein Ding!

Der wär wie die Namensschwester,
Die drei Prätendenten beglückt!
Ein Billardtisch, Markttisch – jeden –,
Wenn nur vom Niveau er nicht rückt.

Doch hätte ich ihn aus Eisen –
Wenn den mein Ellbogen drückt,
Ja, den würde prächtig ich heißen!
Ein Klotz, den kein Sturm verrückt!

Eine Kirchentür? Dach vom Brunnen?
Der Teil eines Sarkophags?
Würd vom Ellbogen nur befunden:
Gott wird es *geben* – ich wag's,

Gott *ist* mit uns! – Dichter sind findig:
Alles wird Tisch ihnen, Thron!
Der beste – bist du!, – den stündlich
Mein Knie malträtierte schon!

Etwa 15. Juli 1933 – 29./30. Oktober 1935

4

Schneidest mich? Hast mich gekränkt.
Hast zwar den Tisch mir geschenkt –
Danke. – Zum Schrecken der Feinde
Steht dieser Tisch – auf vier Beinen

Упорства. Скорей – скалу
Своротишь! И лоб – к столу
Подстатный, и локоть *под* –
Чтоб лоб свой держать, как свод.

– А прочего дал в обрез?
А прочный, – во весь мой *вес*,
Просторный, – во весь мой бег,
Стол – вечный – на весь мой век!

Спасибо тебе, Столяр,
За до́ску – во весь мой дар,
За ножки – прочней химер
Парижских, за вещь – в размер.

5

Мой письменный верный стол!
Спасибо за то, что, ствол
Отдав мне, чтоб стать – столом,
Остался – живым стволом!

Слиствы молодой игрой
Над бровью, с живой корой,
С слезами *живой* смолы,
С корнями до дна земли!

17 июля 1933

Des Trotzes. Eher den Fels
Verrückst du! Die Stirn er hält
Passend, vom Arm abgestützt –
Daß, Stirn als Gewölb, man sitzt.

„Auch sonst – war ich knausrig, nicht?“
Und sonst hält er – mein *Gewicht*,
Hat Platz – soviel ich verlang,
Hält ewig – mein Leben lang!

Dem Tischler sei Dank fürs Brett,
Für Beine – fester, ich wett,
Als die der Pariser Chimären,
Ein Tisch – kann mich nicht beschweren.

5

Mein treuer Schreibtisch, mein Stolz!
Hab Dank, daß des Stammes Holz
Du mir gabst – für mich ein Tisch
Zu sein – und bliebst Holz doch, frisch!

Die Brau'n umspielt jung das Laub,
Lebende Rinde, nicht taub,
Lebend fließt Harz, tränenfeucht,
Zum Grund tief die Wurzel reicht.

17. Juli 1933

6

Квиты: вами я объедена,
Мною – живописаны.
Вас положат – на обеденный,
А меня – на письменный.

Оттого что, йотой счастлива,
Яств иных не ведала.
Оттого что слишком часто вы,
Долго вы обедали.

Всяк на выбранном заранее –
Много до рождения! –
Месте своего деяния,
Своего радения:

Вы: с отрыжками, я – с книжками,
С трюфелем, я – с грифелем,
Вы – с оливками, я – с рифмами,
С пикулем, я – с дактилем.

В головах – свечами смертными –
Спаржа толстоногая.
Полосатая десертная
Скатерть вам – дорогою!

Табачку пыхнем гаванского
Слева вам – и справа вам.
Полотняная голландская
Скатерть вам – да саваном!

6

Wir sind quitt: Seid mir zuwider jetzt,
Hab beschrieben euch genug.
Euch legt auf den Eßtisch man zuletzt,
Auf den Schreibtisch mich, zum Buch.

Mir mit Jotas schon Zufriedener
Blieben manche Speisen fremd.
Ihr auf reichlich Essen Gierigen
Aßt oft lange, ungehemmt.

Jeglicher hat für sich auserwählt –
Früh schon, noch im Mutterleib! –
Seinen Wirkungskreis, der ihm gefällt,
Seinen liebsten Zeitvertreib.

Ihr – das Aufstoßen, ich – die Auflagen,
Ihr – die Trüffel, ich – den Griffel,
Ihr – den Rheinwein, ich – die Reimerein,
Wachteleier ihr, ich – Daktylen.

Dicke Spargel – Kerzen, rein und hoch –
Eßt im Geist ihr – langbeinig.
Zum Dessert gestreiftes Leinentuch
Ist euch kostbar: Langweilig!

Pafft Zigarren aus Havanna dann,
Links und rechts – da sind genug.
Sei ein Leinentuch aus Amsterdam
Tischtuch euch – und Leichentuch!

А чтоб скатертью не тратиться –
В яму, место низкое,
Вытряхнут вас всех со скатерти:
С крошками, с огрызками.

Каплуном-то вместо голубя
– Порх! – душа при вскрытии.
А меня положат – голую:
Два крыла прекрытием.

1933

Tischtücher sind kostbar und zu knapp –
Drum vom Tuche, um zu sparn,
Kippt man euch in eine Grube ab
Samt den Krümeln, die drauf warn.

Als Kapaun anstatt als Taube fliegt
– Husch! – die Seele fort beim Anatom.
Aber ich zum Öffnen nackt da lieg:
Mit zwei Flügeln zugedeckt – das schon.

1933

Вскрыла жилы: неостановимо,
Невосстановимо хлещет жизнь.
Подставляйте миски и тарелки!
Всякая тарелка будет – мелкой,
Миска – плоской.
                                        Через край – и *мимо* –
В землю черную, питать тростник.
Невозвратно, неостоновимо,
Невосстановимо хлещет стих.

6 января 1934

Hab die Adern geöffnet: Unbezwinglich
Strömt mein Leben, unwiederbringlich.
Haltet's auf! Schüssel, faß! Teller, hilf!
Jede Schüssel zu flach, jeder Teller zu klein.
Es fließt übern Rand –
                                        und es sickert ein
In schwarze Erde, zu nähren das Schilf.
Nicht zu halten, unbezwinglich
Strömt mein Vers, unwiederbringlich.

6. Januar 1934

Куст

1

Что нужно кусту от меня?
Не речи же! Не доли собачьей
Моей человечьей, кляня
Которую – голову прячу

В него же (седей – день от дня!).
Сей мощи, и плещи, и гущи –
Что нужно кусту – от меня?
Имущему – от неимущей!

А нужно! Иначе б не шел
Мне в очи, и в мысли, и в уши.
Не нужно б – тогда бы не цвел
Мне прямо в разверстую душу,

Что только кустом не пуста:
Окном моих всех захолустий!
Что, полная чаша куста,
Находишь на сем – месте пусте?

Чего не видал (на ветвях
Твоих – хоть бы лист одинаков!)
В моих преткновения пнях,
Сплошных препинания знаках?

Чего не слыхал (на ветвях
Молва не рождается в муках!),
В моих преткновения пнях,
Сплошных препинания звуках?

Der Strauch

1

Der Strauch, was schon braucht er von mir?
Die Sprache doch nicht! Noch mein Leben,
Mein Hundelos-Menschenlos hier –
Verfluch ich's, so berge ich eben

In ihm ja den Kopf (grau meliert).
Geäst und Gewurzel im Safte –
Der Strauch, was schon braucht er von mir?
Der alles hat – von der, die schmachtet!

Und doch! Wie sonst dräng' er mir dann
In Aug, Ohr und Sinn, fast befehlend?
Wenn nicht – wie beschenkte mir dann
Sein Blühen die darbende Seele,

Die ohne ihn öd wäre lang:
Erhellt mir mein dunkelstes Sein!
Was findest du, reiches Gerank,
Mein Strauch, an dem tauben Gestein?

Was gibt es zu sehn (denn ein Born
Der Vielfalt – dein Laub, deine Zweige!)
An all meinen Kanten und Knorrn,
An wuchernden Ausrufezeichen?

Was gibt es zu hörn (denn geborn
Ohn' Qual wird das Flüstern der Zweige!)
An all meinen Kanten und Knorrn,
An wuchernden Ausrufezeichen?

Да вот и сейчас, словарю
Придавши бессмертную силу, –
Да разве я *то* говорю,
Что знала, пока не раскрыла

Рта, знала еще на черте
Губ, той – за которой осколки ...
И снова, во всей полноте
Знать буду, как только умолкну.

2

А мне от куста – не шуми
Минуточку, мир человечий! –
А мне от куста – тишины:
Той, между молчаньем и речью,

Той, – можешь – ничем, можешь – всем
Назвать: глубока, неизбывна.
Невнятности! наших поэм
Посмертных – невнятицы дивной.

Невнятицы старых садов,
Невнятицы музыки новой,
Невнятицы первых слогов,
Невнятицы Фауста Второго.

Той – *до* всего, *после* всего.
Гул множеств, идущих на форум.
Ну – шума ушного того,
Всё соединилось в котором.

Auch jetzt, wenn zu prägen das Wort
In gültiger Stärke ich trachte –
Ja, sag ich *dasselbe*, setz fort,
Was eben ich wußte und dachte,

Bevor ich den Mund auftat? Denn
Nur Bruchstücke formt noch die Zunge ...
Neu, ganz werd ich's wissen erst, wenn
Ich schweige – und Worte verstummen.

2

Und ich brauch vom Strauch – nein, hör zu,
Gedulde dich, Welt der Gerechten!
Und ich brauch vom Strauch – seine Ruh:
Die Stille vom Schweigen zum Sprechen.

Ob alles sie scheint dir, ob nichts,
Die Stille: grundtief, unentrinnbar.
Unfaßliche! Unsres Gedichts
Posthumes und dunkles Enigma.

Undeutbar wie neue Musik,
Wie ehrwürd'ge Gärten und Bauten,
Undeutbar wie Faustens Geschick,
Wie erste gestammelte Laute.

Die *vor* allem, *nach* allem wirkt.
Geraune von vielen im Chor.
Wohl auch – nun, ein Summen im Ohr,
Wohinter sich alles verbirgt.

Как будто бы все кувшины
Востока – на лобное всхолмье.
Такой от куста тишины,
Полнее не выразишь: полной.

20 августа 1934

Als hätten an heiligem Stein
Die Krüge des Ostens gespendet
Ihr sämtliches Labsal – so rein
Vom Strauche geht Stille: vollendet.

20. August 1934

Тоска по родине! Давно
Разоблаченная морока!
Мне совершенно все равно –
Где совершенно одинокой

Быть, по каким камням домой
Брести с кошелкою базарной
В дом, и не знающий, что – мой,
Как госпиталь или казарма.

Мне все равно, каких среди
Лиц ощетиниваться пленным
Львом, из какой людской среды
Быть вытесненной – непременно –

В себя, в единоличье чувств.
Камчатским медведём без льдины
Где не ужиться (и не тщусь!),
Где унижаться – мне едино.

Не обольщусь и языком
Родным, его призывом млечным.
Мне безразлично, на каком
Непонимаемой быть встречным!

(Читателем, газетных тонн
Глотателем, доильцем сплетен ...)
Двадцатого столетия – он,
А я – до всякого столетья!

Остолбеневши, как бревно,
Оставшееся от аллеи,
Мне все – равны, мне всё – равно,
И, может быть, всего равнее –

Ach, Heimweh! Verschwommene Qual!
Entschleiert seit langem gemeinhin.
Mir ist es doch völlig egal,
Wo einsam ich, *wo* ich allein bin,

Wo ’s Einkaufsnetz schleppe ich müd –
Ob Pflaster, Asphalt mit Laternen –
Zum Haus, das mich nicht einmal sieht,
Wie Krankenhäuser, Kasernen.

Egal, wem ich Krallen zeig, brüll
Als Löwin, gesperrt in den Käfig,
Egal, welche Kreise mich kühl
Verdrängen, verweisen – versteht sich! –

Aufs Einzelgehöft meines Ichs.
Als Eisbärin *wo* ohne Eismeer
Gewöhnen mich (fruchtet ja nichts!),
Erniedrigen *wo* mich, geht nichts mehr

Mich an. Nicht die Sprache einmal
Der Mutter, so milchwarm, wie Herde.
Mir ist doch die Sprache egal,
In der nicht verstanden ich werde!

(Vom Leser, der Zeitungen frißt,
Vom Klatschmelker, scharf auf Gerüchte ...)
Kind dieses Jahrhunderts er ist,
Vor jedem Jahrhundert – *ich*: Dichte!

Erstarrt wie ein Pfahl, einst umringt
Von Stämmen mit grünenden Wipfeln,
Gilt alles mir, jedes gering;
Mag sein, am geringsten – doch gipfelt

Роднее бывшее – всего.
Все признаки с меня, все меты,
Все даты – как рукой сняло:
Душа, родившаяся – где-то.

Так край меня не уберег
Мой, что и самый зоркий сыщик
Вдоль всей души, всей – поперек!
Родимого пятна *не* сыщет!

Всяк дом мне чужд, всяк храм мне пуст,
И всё – равно, и вс – едино.
Но если по дороге – куст
Всает, особенно – рябина ...

1934

Vertrautheit hier – gilt mir das Einst.
Gelöscht jedes Merkmal, als fehlte
Mein Leben. Das Ich – nicht mehr meins:
Nur irgendwo lebt noch die Seele.

Mein Land – meine Zuflucht nicht mehr:
Durchforscht' auch ein Spitzel behende
Die Seele mir längs, kreuz und quer –
Ein Muttermal *nirgends* er fände!

Kein Haus ist mir Heim, kein Gebet –
Mag grämen, wer will, sich und kümmern.
Doch wenn mal am Wegesrand steht
Ein Strauch, an dem Vogelbeern schimmern ...

1934

Уединение: уйди
В себя, как прадеды в феоды.
Уединение: в груди
Ищи и находи свободу.

Чтоб ни души, чтоб ни ноги –
На свете нет такого саду
Уединению. В груди
Ищи и находи прохладу.

Кто́ победил на площади –
Про то не думай и не ведай.
В уединении груди –
Справляй и погребай победу.

Уединение в груди.
Уединение: уйди,

Жизнь!

Сентябрь 1934

Zurückgezogenheit: dein Geist
Geht in sich – wie der Ahn aufs Lehen.
Zurückgezogenheit: Du weißt,
Dein Innerstes wird Freiheit geben.

Daß keine Seele und kein Fuß –
Die Welt kennt keinen solchen Garten
Für Einsamkeit. In deiner Brust
Kannst Kühlung du für dich erwarten.

Wer welchen Sieg errang, daran
Auch nur zu denken, sei erhaben.
In Einsamkeit die Brust mag dann
Die Siege feiern und begraben.

Zurückgezogenheit – dein Hort.
Zurückgezogenheit: Bleib fort,

Leben!

September 1934

Бузина

Бузина цельный сад залила!
Бузина зелена, зелена!
Зеленее, чем плесень на чане,
Зелена – значит, лето в начале!
Синева – до скончания дней!
Бузина моих глаз зеленей!

А потом – через ночь – костром
Ростопчинским! – в очах красно
От бузинной пузырчатой трели.
Красней кори на собственном теле
По всем порам твоим, лазорь,
Рассыпающаяся корь

Бузины ...
                    Не звени! Не звени!
Что за краски разведены
В мелкой ягоде, слаще яда!
Кумача, сургуча и ада –
Смесь, коралловых мелких бус –
Блеск, запекшейся крови – вкус!

Бузина казнена, казнена!
Бузина – цельный сад залила
Кровью юных и кровью чистых,
Кровью веточек огнекистых –
Веселейший из всех кровей:
Кровью сердца – твоей, моей ...

А потом – водопад зерна,
А потом – бузина черна,
С чем-то сливовым, с чем-то липким.

Holunder

Der Holunder ist grün – Strauch für Strauch!
Hat den Garten in Grün ganz getaucht!
Schimmert grüner als Schimmel in Tonnen,
Grün will sagen, der Sommer ist kommen!
Himmelsblau – bis die Tage verglühn!
Meine Augen warn nimmer so grün!

Aber dann – über Nacht – sprudelt's rot
(Wie das Feuer Rostoptschins in Not)
Vor Holunder – ein Trillern, wie Blasen.
Und noch röter als menschliche Masern
Streun ihr Rot ins azurene Blau
Nun die Masern vom Hollerbusch – schau!

Vom Holunder ...
Sei stille doch – sacht!
Welche prangenden Farben entfacht
In den winzigen Beern, süße Völle!
Rot wie Fahnentuch, lodernd wie Hölle –
Von Korallenperln Glanz, Siegellack,
Von geronnenem Blut der Geschmack!

Der Holunder – blutrot, Strauch für Strauch!
Hat den Garten in Rot ganz getaucht,
Blutig Rot von den jungen, den saubren
Hollerzweigen voll feuriger Trauben –
Von dem heitersten Blute allhier:
Blut des Herzens – von dir und von mir ...

Rauscht wie Wasserfall Korn dann – bewahrt's!
Mittlerweil ist der Hollerbusch schwarz:
Schwarz von Pflaumigem, Klebrigem neigen

Над калиткой, стонавшей скрипкой
Возле дома, который пуст,
Одинокий бузинный куст.

Новоселы моей страны!
Из-за ягоды бузины,
Детской жажды моей багровой,
Из-за древа и из-за слова:
Бузина (по сей день – ночьми ...),
Яда – всосанного очьми ...

11 сентября 1931 – 21 мая 1935

Sich die Zweige. Verlassen, wie Geigen
Stöhnt die Pforte. Vereinsamt am Haus
Ein Holunderbusch – Sommer ist aus.

Die ihr einziehen wollt in mein Reich!
Der Holunderbeern wegen vielleicht,
Meines Kinderdursts purpurrot,
Und des Strauches sowohl wie des Worts:
Mein *Holunder* (noch heute – im Traum ...),
Und des Gifts – mit den Augen gesaugt ...

11. September 1931 – 21. Mai 1935

Никуда не уехали – ты да я –
Обернулись прорехами – все моря!
Совладельцам пятерки рваной –
Океаны не по карману!

Нищеты вековечная сухомять!
Снова лето, как корку, всухую мять!
Обернулось нам море – мелью:
Наше лето – другие съели!

С жиру лопающиеся: жир – их „лоск“,
Что не только что масло едят, а мозг
Наш – в поэмах, в сонатах, в сводах:
Людоеды в парижских модах!

Нами лакомящиеся: франк – за вход.
О, урод, как водой туалетной – рот
Сполоснувший – бессмертной песней!
Будьте прокляты вы – за весь мой

Стыд: вам руку жать, когда зуд в горсти, –
Пятью пальцами – да от всех пяти
Чувств – на память о чувствах добрых –
Через всё вам лицо – автограф!

1932 – лето 1935

Nicht verreist sind wir zwei – das verwehrten,
Das verweigerten uns alle Meere!
Mit fünf lumpigen Rubeln im Beutel
Ist ein Meer nicht zu haben – kein Deuteln!

Ewig Armutskost, eintönig schmale!
Und vom Sommer nur wieder die Schale!
Was das Meer uns beschert, ist das Stranden:
Unsern Sommer, den aßen die andern!

Solch ein Wanst frißt – das Fett auf der Stirn
Ist sein „Glanz" – außer Butter Gehirn:
Unsre Verse, Sonaten und Oden –
Kannibalen in Pariser Moden!

Sich an uns delektiern: Einen Franc.
Doch wie Mundwasserspülung zum Dank
Die unsterblichen Verse geschluckt!
Dann die Hand euch zu drücken, wenn's juckt,

Die fünf Finger, für jeden Sinn einen –
Um mein tiefstes Gefühl euch zu zeigen –,
Übers ganze Gesicht euch zu schrammen!
Für die Schmach – dieses Blitz-Autogramm!

1932 – Sommer 1935

Читатели газет

Ползет подземный змей,
Ползет, везет людей.
И каждый – со своей
Газетой (со своей
Экземой!). Жвачный тик,
Газетный костоед.
Жеватели мастик,
Читатели газет.

Кто – чтец? Старик? Атлет?
Солдат? – Ни че́рт, ни лиц,
Ни лет. Скелет – раз нет
Лица: газетный лист!
Которым – весь Париж
С лба до пупа одет.
Брось, девушка!
– Родишь –
Читателя газет.

Кача – „живет с сестрой“ –
ются – „убил отца“! –
Качаются – тщетой
Накачиваются.
Что для таких господ –
Закат или рассвет?
Глотатели пустот,
Читатели газет!

Газет – читай: клевет,
Газет – читай: растрат.
Что ни столбец – навет,
Что ни абзац – отврат ...

Zeitungsleser

Es kriecht ein Drachen subterran,
Kriecht und schafft Leute mit voran.
Und jeder hat sein Blatt
(Hat sein Ekzem!), er hat
Den Wiederkäuertick,
Den Zeitungsknochenschwund.
Man käut wie Mastixkitt
Die Zeitung, Pfund um Pfund.

Solch Leser – Greis? Athlet?
Wie alt? – Vielleicht Soldat?
Ein Niemand, ein Skelett,
Gesichtslos: Zeitungsblatt!
Damit hält, Stirn bis Schoß,
Sich ganz Paris bedeckt.
Laß, Mädel!
                Schick den weg –
Macht Zeitungsleser bloß.

Man schau-: „Inzest! Die Schwest ..."
kelt, schau-: „Ein Vatermord!"
kelt, ruckelt vor sich hin,
Geschaukelt um den Sinn.
Was ist für solche Herrn
Ein Sonnenaufgang schon?
Nur Nichtigkeit sie zehrn
Aus Zeitungsleserfron!

Lies Zeitung – lies: Skandal,
Lies: Rufmord, Korruption.
Pro Absatz ein Eklat
Und spaltenweis Verroh'n ...

О, с чем на страшный суд
Предстанете: на свет!
Хватаели минут,
Читатели газет!

– Пошел! Пропал! Исчез!
Стар материнский страх.
Мать! Гутенбергов *пресс*
Страшней, чем Шварцев *прах*!

Уж лучше на погост, –
Чем в гнойный лазарет
Чесаталей корост,
Читателей газет!

Кто наших сыновей
Гноит во цвете лет?
Смесители кровей,
Писатели газет!

Вот, други, – и куда
Сильней, чем в сих строках! –
Что думаю, когда
С рукописью в руках

Стою перед лицом
– Пустее места – нет! –
Так значит – *не*лицом
Редактора газет-

ной нечисти.

1 – 15 ноября 1935
Ванв

Womit einst tretet ihr
Vors Weltgericht – sagt an!
Mit Neuste-Nachricht-Gier,
Mit Zeitungsleserwahn?

„Wo ist er! Weg! Wohin?"
Der Mütter Angst ist alt.
Schwarz' Pulver – halb so schlimm
Wie Gutenbergs Gewalt!

Selbst Friedhof besser wär
Als Eiters Wundstation.
Auf Schorf kratzt hin und her
Der Zeitungsleser Fron!

Wer unsern Söhnen schmiert
Das Eitergift ins Hirn?
Der nur im Blute rührt,
Der Zeitungs*schreiberling!*

Das, Freunde, denk ich mir –
Nur stärker als im Vers! –,
Wenn, eigenes Papier
In Händen, schreibtischwärts

Ich Skripte präsentier
Der Null, wie keine groß,
Das heißt, der *Nicht*-Person,
Befaßt mit Redaktion

Von Zeitungsdreck.

1. – 15. November 1935
Vanves

(Пещера)

Могла бы – взяла бы
В утробу пещеры:
В пещеру дракона,
В трущобу пантеры.

В пантерины лапы
– Могла бы – взяла бы.
Природы – на лоно, природы – на ложе.
Могла бы – свою же пантерину кожу
Сняла бы ...
– *Сдала* бы трущобе – в учебу:
В кустову, в хвощову, в ручьёву, в плющову, –

Туда, где в дремоте, и в смуте, и в мраке
Сплетаются ветви на вечные браки ...

Туда, где в граните, и в лыке, и в млеке
Сплетаются руки на вечные веки –
Как ветви – и реки ...

В пещеру без свету, в пещеру без следу.
В листве бы, в плюще бы, в плюще – как в плаще бы ...

Ни белого света, ни черного хлеба:
В росе бы, в листве бы, в листве – как в родстве бы ...

Чтоб в дверь – не стучалось,
В окно – не кричалось,
Чтоб впредь – не *случалось*,
Чтоб – век не кончалось!

(Die Höhle)

Könnt ich – ich nähm
Ins Gekröse der Höhle:
In die Höhle des Drachens,
In das Pantherkatz-Dickicht.

In die Pantherkatzpfoten
Nähm ich, wenn ich könnte.
In den Schoß, was Natur, was Natur, sei gebettet.
Zög die Pantherhaut ab mir, die eigne ...
– und *gäb* sie
In die Lehre dem Dickicht: Vom Efeu sie lerne!
In des Bachs und des Strauchs und des Schachtelhalms Schule –

Wo in Wirrnissen schlummernd, in Düsternis Zweige
Sich umranken, verflechten zu ewigen Bünden ...

Wo in Bast und in Milch und im Steine die Arme
Sich umschlingen, sich finden für ewige Zeiten
Wie die Zweige, die Bäche ...

In die lichtlose Höhle, die spur'nlose Höhle.
Und im Laub und Geschling und Gerank – wie im Mantel ...

Nicht Helle des Tags noch Schwärze des Brotes:
Im Tau und im Laub, ja im Laub – in Verwandtem ...

Kein Geklopf an die Türe,
Kein Geschrei vor dem Fenster,
Daß es nicht mehr *geschehe*,
Daß es nie geh zu Ende!

Но мало – пещеры,
И мало – трущобы!
Могла бы – взяла бы
В пещеру – утробы.

Могла бы –
Взяла бы.

27 августа 1936
Савойя

Doch zu wenig – die Höhle,
Das Dickicht des Strauches!
Wenn ich könnte – ich nähme
In die Höhle – des Bauches.

Wenn ich könnte –
Ich nähme.

27. August 1936
Savoyen

Из цикла „Стихи к Чехии“

Пепелище

Налетевший на град Вацла́ва –
Так пожар пожирает тра́ву, –

Поигравший с богемской гранью! –
Так зола засыпает зданья,

Так метель заметает вехи ...
От Эдема – скажите, чехи! –

Что осталось? – Пепелище.
– Так Чума веселит кладбище!

Налетевший на град Вацлава –
– Так пожар пожирает траву, –

Объявивший – последний срок нам:
Так вода подступает к окнам.

Так зола засыпает зданья ...
Над мостами и площадями

Плачет, плачет двухвостный львище ...
– Так Чума веселит кладбище!

Налетевший на град Вацлава –
– Так пожар пожирает траву,

Задушивший без содроганья –
Так зола засыпает зданья:

Aus dem Zyklus „Gedichte an Böhmen“

Brandstatt

Wenzels Stadt er überrannte –
Also Gras verglüht im Brande ...

Er *liebäugelt'* mit böhm'schen Kristallen,
Also Häuser in Asche fallen!

Also Stürme Pfosten brechen ...
'’s Paradies – wo blieb es, Tschechen?

Ringsum Asche, und Eden – wo?
So macht die Pest den Friedhof froh!

Wenzels Stadt er überrannte –
Also Gras verglüht im Brande ...

Setzt die Frist, uns zu vertreiben:
Also Flut bis an die Scheiben.

Also Häuser in Asche fallen ...
Zweigeschwänzt, mit stumpfen Krallen

Weint Prags Löwe auf den Brücken,
So muß Pest dem Friedhof glücken!

Wenzels Stadt er überrannte –
Also Gras verglüht im Brande ...

Drückt die Luft ab ohn' Bedenken –
Asche wird die Stadt ertränken:

– Отзовитесь, живые души!
Стала Прага – Помпеи глуше,

Шага, звука – напрасно ищем ...
– Так чума веселит кладбище!

29 – 30 марта 1939

Schreit heraus, ihr lebt doch, Seelen!
Prag schon öder als Pompeji:

Stimmen, Schritte? Nirgendwo ...
So macht die Pest den Friedhof froh!

29. – 30. März 1939

Барабан

По богемским городам
Что́ бормочет барабан?
– Сдан – сдан – сдан
Край – без славы, край – без бою.
Лбы – под серою золою
Дум – дум – дум ...
– Бум!
Бум!
Бум!

По богемским городам –
Или то не барабан
(Горы ропщут? Камни шепчут?),
А в сердцах смиренных чешских –
Гне – ва
Гром:
– Где
Мой
Дом?

По усопшим городам
Возвещает барабан:
– Вран! Вран! Вран
Завелся в Градчанском замке!
В ледяном окне – как в рамке
(Бум! бум! бум!)
Гунн!
Гунн!
Гунн!

30 марта 1939

Die Trommel

Was grollt die Trommel in die Ohrn
Von Ort zu Ort durchs Böhmenland?
„Verlorn – verlorn – verlorn
Die Heimat – ehrlos, ohne Kampf."
Die Stirnen – Asche, grau. Verkrampft:
Warum – warum – warum ...
„Bum!
Bum!
Bum!"

Durch Böhmens Städte fern und nah –
Oder schlägt keine Trommel da
(Murrn Berge? Raunen Stein und Erz?) –,
Erniedrigt pocht das Tschechenherz
Zornes
Groll:
„'s Maß
Ist
Voll!"

Durch tote Städte früh und spat
Die Trommel kündet dumpf: „Verrat!
Ein Rabe, ein Rabe ist
Im Hradschin eingenist't!"
In Scheibeneis geritzt die Runen
(Bum! Bum! Bum!):
Hunnen!
Hunnen!
Hunnen!

30. März 1939

Взяли ...

Чехи подходили к немцам и плевали.
(См. мартовские газеты 1939 г.)

Брали – скоро и брали – щедро:
Взяли горы и взяли недра,
Взяли уголь и взяли сталь,
И свинец у нас и хрусталь.

Взяли сахар и взали клевер,
Взяли Запад и взяли Север,
Взяли улей и взяли стог,
Взяли Юг у нас и Восток.

Вары – взяли и Татры – взяли,
Взяли близи и взяли дали,
Но – больнее, чем рай земной! –
Битву взяли – за край родной.

Взяли пули и взяли ружья,
Взяли руки и взяли дружбы ...
Но покамест во рту слюна –
Вся страна вооружена!

9 мая 1939

Sie nahmen ...

Tschechen traten vor Deutsche hin
und spuckten aus.
(Aus Zeitungen vom März 1939)

Sie nahmen eilig, mit offener Hand:
Nahmen die Berge und nahmen den Sand,
Nahmen die Kohle und nahmen den Stahl,
Auch unser Blei uns und das Kristall.

Nahmen den Zucker und nahmen den Klee,
Im Westen die Quellen, im Norden den Schnee,
Den Bienenstock und das Wiesenheu,
Den Süden, den Osten, einerlei.

Das Bäderdreieck, die Tatrabahn,
Sie nahmen ferne und nebenan,
Und – diese Wunde wie keine brannt'! –
Sie nahmen den Kampf uns – ums Heimatland.

Patronen nahmen sie und Gewehr,
Sie nahmen uns Freundschaften und mehr ...
Doch noch ist da Spucke im Mund parat –
Voll steht unter Waffen der Tschechenstaat!

9. Mai 1939

О, слезы на глазах!
Плач гнева и любви!
О, Чехия в слезах!
Испания в крови!

О, черная гора,
Затмившая – весь свет!
Пора – пора – пора
Творцу вернуть билет.

Отказываюсь – быть.
В Бедламе нелюдей
Отказываюсь – жить.
С волками площадей

Отказываюсь – выть.
С акулами равнин
Отказываюсь плыть –
Вниз – по теченью спин.

Не надо мне ни дыр
Ушных, ни вещих глаз.
На твой безумный мир
Ответ один – отказ.

15 марта – 11 мая 1939

Oh, Tränen in den Augen!
Die Liebe weint, die Wut!
Oh, Böhmen liegt in Tränen!
Und Spanien liegt im Blut!

Oh, schwärzester der Berge
Nimmt mir das Licht, den Blick!
Es reicht – es reicht – dem Schöpfer
Den Erdenpaß zurück.

Ich weigre mich zu leben.
Mit Abschaum vorm Gesicht
Verweigre ich zu atmen.
Mit Wölfen werd ich nicht

Auf Straßen, Plätzen heulen,
Und mit der Ebene Hai'n
Im Strom gekrümmter Rücken
Werd nie ich schwimmen – nein!

Ich brauch kein Ohr, kein Auge,
Um Sehende zu sein.
Auf deine Welt des Irrsinns
Die eine Antwort: Nein.

15. März – 11. Mai 1939

Nachwort

Marina Zwetajewa (1892 bis 1941): Das ist Aufbrausen, Ungestüm, höchster Anspruch – aber auch Innigkeit, Einkehr, Zurückgezogenheit. Ihre Themen sind Leidenschaft und Eifersucht, Heimweh und Sehnsucht, Einsamkeit des Künstlers und Mitfühlen mit den Leidenden und Geschundenen. Ihre Sprache ist lakonisch, ausdrucksstark, tief emotional, aus dem Inneren geschöpft.

Daß sie – im Dichten wie im Leben – zur Maßlosigkeit neigte, war ihr wohl bewusst. 1923 schrieb sie diese Verse:

> Was fang ich an, ich, die Säng'rin, die Erste,
> Wo tiefste Schwärze für Grau man noch hält!
> Wo man Begeistrung mit Wärmflaschen hätschelt!
> Mit diesem Unmaß
> Im Maß der Welt?!

Sie hatte ein schweres Schicksal. Nach wohlbehüteter Kindheit und Jugend in einem Moskauer Bildungselternhaus – die Mutter war Pianistin und zeichnete, der Vater, ein angesehener Philologe, Professor an der Moskauer Universität und Begründer des heutigen Puschkin-Museums – litt sie von 1917 bis 1922 unter großer Armut. Auch während ihres französischen Exils von 1925 bis 1939 lebte sie oft am Rand des Existenzminimums. Mit der Heimkehr im Juni 1939 begann für sie ein Martyrium, das mit ihrem Freitod endete.

Zu Deutschland hatte Marina Zwetajewa eine enge Beziehung: Schon als Kind lernte sie deutsch und französisch sprechen, mit sechs schrieb sie ihre ersten Gedichte russisch und deutsch. In ihrer Kindheit und Jugend hielt sie sich (zusammen mit ihrer Schwester Anastasia) zweimal längere Zeit in Deutschland auf: mit zwölf Jahren in Freiburg/Breisgau und mit siebzehn in Dresden auf dem Weißen Hirsch, wo sie mit Zigarettenrauchen, Bubikopf und hochhackigen Schuhen provozierte. Das Naturerlebnis des Schwarzwalds, die von der (aus einer polnisch-deutschen Familie stammenden) Mutter vorgelesenen deutschen Märchen und die Lektüre von Werken Goethes, Heines und Novalis verstärkten Marinas Bindung an Deutschland, zu der sie auch beim Ausbruch des Ersten Weltkriegs stand: „In mir sind viele Seelen", sagte sie, „aber meine eigentliche Seele ist deutsch. Frankreich ist mir zu leicht, Rußland zu schwer. Deutschland entspricht mir."

Einen innigen Briefwechsel unterhielt Marina Zwetajewa in seinem letzten Lebensjahr mit Rainer Maria Rilke, den sie nie persönlich kennen lernte. „Wenn jemand uns zusammenträumt, dann treffen wir uns", schrieb sie am 2. August 1926.

Früh schon errang sie Unabhängigkeit und Eigenständigkeit. Mit sechzehn Jahren reist sie allein nach Paris, um an der Sorbonne Vorlesungen in altfranzösischer Literatur zu hören. Schon zwei Jahre nach ihrer frühen Heirat (1912) steckt sie mit der Liebe zu einer Frau, mit der sie zusammen lebt und reist, die Freiräume ab, die sie für ihr Leben beansprucht. Doch hält sie, trotz mehrerer folgender Beziehungen zu Männern wie Frauen, zeitlebens zu Sergej Efron, ihrem Ehemann.

Die Oktoberrevolution versucht sie zu ignorieren, sie hält sich vom zeitgenössischen literarischen Leben weitgehend fern. Dennoch folgt sie im Dezember 1920 einer Einladung zu einem „Abend der Poetessen", erscheint jedoch provokativ in einem Sackkleid mit Ledergürtel und in Filzstiefeln. Für ihren Gedichtvortrag erhält sie aber stürmischen Beifall.

Sergej Efron hatte im Bürgerkrieg auf Seiten der Weißen gekämpft und musste daher nach Prag emigrieren. Marina durfte ausreisen. Ihre Jahre in Prag von 1922 bis 1925, materiell sorgenfrei und mit vielen Kontakten, zählte sie zu den schönsten ihres Exils – denen dann die entbehrungsreichen vierzehn Jahre in und um Paris folgten.

Verse wie die folgenden (1932 bis 1935 entstanden) spiegeln die Armut wider, in der sie in Paris lebte:

Nicht verreist sind wir zwei, das verwehrten,
Das verweigerten uns alle Meere!

Mit fünf lumpigen Rubeln im Beutel
Ist ein Meer nicht zu haben – kein Deuteln.

Im Juni 1939 folgt sie Sergej Efron, kehrt zurück in die Sowjetunion, obwohl sie ahnt, daß es ein Fehler ist. Sie macht die wohl schwersten zwei Jahre ihres Lebens durch. Dem bald danach verhafteten Mann und der Tochter bringt sie Nahrungsmittel und Kleidung ins Gefängnis, mit Übersetzungen hält sie sich über Wasser. Als der Krieg ausbricht, fällt diese letzte Einnahme weg. Zusammen mit anderen Schriftstellern werden Marina Zwetajewa und ihr siebzehnjähriger Sohn Georgi nach Jelabuga evakuiert.

Zunehmend beherrscht sie Angst. Sie fürchte sich vor ihrem Paß, klagt sie einer Freundin. Die errät nur langsam, worum es Marina geht: Es könnten geheime Zeichen darin sein, die sie zu einer verdächtigen und somit gefährdeten Person stempeln ... Schließlich geht ihre Kraft zu Ende. Einen Augenblick des Alleinseins nutzend, nimmt sie sich in ihrem Haus das Leben.

Rußland verlor mit ihr eine große Dichterin, neben Anna Achmatowa die bedeutendste in der ersten Hälfte des 20. Jahrhunderts. Sie hinterließ über 800 Gedichte, 17 Poeme, acht Dramen, etwa 50 Prosawerke (vor allem autobiographische Prosa und Künstlerporträts).

Erich Ahrndt
Leipzig, im April 2011

Anmerkungen

S. 19: An Ossip Mandelstam (1891–1938) gerichtet.

S. 25: Gedicht aus dem Zyklus „Gedichte an Blok".

S. 33: Nikodim Pluzer-Sarna (1882-1945) gewidmet.

S. 43: An Sergej Efron, ihren Ehemann, gerichtet.

S. 53: Im Rolandslied (um 1100), das vom Tod *Rolands* 778 bei Roncevall in Spanien handelt, ruft dessen *Horn* Olifant, das der Ritter in einem Rückzugsgefecht des karolingischen Heeres sterbend bläst, Karl den Großen zur Rache herbei.

S. 55: Mit dem Zyklus wendet Marina Zwetajewa sich an ihren Ehemann, Sergej Efron, und ihre Familie. Themen sind Trennung durch den Tod und Trennung im Interesse der dichterischen Berufung.

S. 69: *Rußland, drei Leinenbahnen breit* – Anspielung auf die drei Farben der russischen Staatsflagge.

S. 71: Sergej Efron wurde im Tumult eines Bahnhofs während des Bürgerkriegs von seinen Kameraden getrennt. Tochter Ariadna Efron berichtet, wie er sich nach ihrer Wiederbegegnung in Prag erinnerte: „... da begreifst Du plötzlich, ... daß Du in dem verhängnisvollen Tumult – übrigens mit vielen, vielen! – in den falschen Zug geraten bist ... daß Deine Leute von einem ganz anderen Gleis abfuhren, daß es keine Rückkehr gibt – die Schienen sind herausgerissen. Zurück, Marinotschka, geht es nur zu Fuß – auf den Schwellen – das ganze Leben ..." (Marina Zwetajewa. Vogelbeerbaum. Hg. v. Fritz Mierau. dtv 1999, S. 139)

S. 77: *Hiob* – zu Hiob, 2, worin berichtet wird, wie Hiob vom Satan in seiner Gottesfurcht mit „bösen Schwären von der Fußsohle an bis auf den Scheitel" versucht wird.

S. 107: *Ritter, blasser* – Ritter Bruncvik, der Legende nach Přemysl II., erwarb auf seinen Fahrten vor seiner vierzigjährigen Herrschaft über Böhmen einen Löwen und ein Zauberschwert. Zwetajewa schrieb an Alexander Bachrach am 27. September 1923: „Ich habe einen Freund in Prag, einen steinernen Ritter, der mir sehr ähnlich sieht. Er steht an der

Brücke [der Karlsbrücke] und behütet den Fluß: Die Schwüre, die Ringe, die Wellen, die Leiber."

S. 121: *Martyn Sadeka* – Mit diesem erfundenen Verfassernamen erschien 1814 in Moskau ein damals mehrfach aufgelegtes Orakel- und Traumbuch, das über Puschkins Versroman „Eugen Onegin" in die Literatur einging.

S. 123: Das Gedicht entstand in Prag. Marina Zwetajewa hielt sich 1922 in Berlin auf, hier begann ihr Briefwechsel mit Pasternak. Ende Juli reiste sie nach Prag ab. Kurz darauf traf Pasternak, aus Moskau kommend, in Berlin ein.

S. 129: *LEF* – Abk. für Lewy front iskusstwa (Linke Kunstfront); nach der Revolution von Majakowski gegründete Vereinigung der Avantgarde. So hieß auch die Zeitschrift der Vereinigung.

S. 131: *Zentral-Gesang* (russ. Zentropew) – Anspielung auf die damals gängigen bürokratischen Kürzel zur Bezeichnung staatlicher Institutionen.

S. 145: Für den 1925 geborenen, damals siebenjährigen Sohn Georgi Efron, der 1939 mit seiner Mutter in die Sowjetunion zurückkehrte. Nach dem Tod der Mutter rettete er ihr Archiv. Anfang 1944 einberufen, fiel er im Juli 1944 bei Witebsk.

S. 145: *Rusj* – die Kiewer Rusj, der erste russische Staat, Blütezeit im 11. Jahrhundert.

S. 159: *Namensschwester, die drei Prätendenten beglückt* – Gemeint ist Marina Mniszech, die polnische Abenteurerin aus dem 17. Jahrhundert., die mit allen drei Prätendenten auf den russischen Zarenthron verheiratet war.

S. 161: *Pariser Chimären* – Plastik-Ornamente in der Notre Dame von Paris, die Fabelwesen, Chimären, darstellen.

S. 181: Graf *Rostoptschin* setzte 1812 Moskau vor der Einnahme durch Napoleon in Brand.

S. 193: Aus dem Zyklus „An eine Waise" und an den Dichter Anatoly Steiger (1907–1944) gerichtet, mit dem sie im Briefwechsel stand, ohne ihn je persönlich kennenzulernen.

Quellen

Diese Auswahl basiert zum Teil auf der verdienstvollen Herausgabe von:

Fritz Mierau (Hg.): Vogelbeerbaum. dtv, München 1999. (Ihm verdanke ich auch die Auskünfte eines Teils meiner Anmerkungen.)

Marina Cveteva. Sočinenija v dvuch tomach. Verlag Chudožestvennaja literatura, Moskva 1980.

Marina Cvetaeva. Sobranie stichotvorenij, poem i dramatičeskich proizvedenij v trech tomach. Verlag „Prometej“, Moskva 1990.

Marija Belkina: Die letzten Jahre der Marina Zwetajewa. Suhrkamp taschenbuch, 2213, Frankfurt a. M. 1993.

Inhalt

Reihen im Leipziger Literaturverlag

- Neue Lyrik
- Neue Prosa
- Neue Szene
- Bibliothek SÜDOST
- Portugiesische Bibliothek
- Älteste Dichtung und Prosa
- Essay
- Graphik + Art
- Fotografie
- Dokumentation
- Die Stimme des Autors - Hörbücher
- Poesiefilm

Unser gesamtes lieferbares Programm, Biobliographien, Leseproben, Rezensionen, Hörbeispiele, Kurzfilme und viele weitere Informationen finden Sie im Internet:

http://www.leipzigerliteraturverlag.de